浙江省社科联省级社会科学学术著作出版资金资助出版

农民专业合作社发展
实证研究

◎ 胡卓红 著

ZHEJIANG UNIVERSITY PRESS
浙江大学出版社

前 言

在家庭经营长期不变的背景下,如何克服我国当前农户分散经营的局限性,有序地引导农户和市场接轨,走向专业化、商品化、现代化,实现农业增产增收,这是我国新世纪农业发展必须解决的问题。国内外成功的经验就是在农产品生产、加工、流通领域大力发展农民自己的专业合作社,从而把家庭经营与合作经营的优势有效地结合起来。从世界各国的实践来看,合作经济组织已经遍及全社会各个领域并发挥了重要的作用,其中,农业是合作经济组织最活跃的领域。农民专业合作社是市场经济的必然选择,是农业现代化的必然结果。发展农民专业合作社,提高农民的组织化程度,对于增加农民收入,推进农业产业化经营具有十分重要的作用。我国要推动农业的发展,顺利解决"三农"问题,推进新农村建设必然要选择这种内在的农业发展模式——大力发展农民专业合作社。

这些年来,农民专业合作社的发展得到了我国各级政府的高度重视,把其作为发展现代农业和提高农民收入的重要手段来推动,出台了一系列扶持政策与措施,我国的农民专业合作社取得了较大的发展,不仅在数量、质量、规模上有了明显的提升,而且有效增加了农民的收入,促进了农业经济的发展。然而,总的来说,我国农民专业合作社的发展仍然处于起步阶段,还存在许多问题,如思想认识不清、内部机构设置不合理不规范、规模普遍偏小、运行缺乏活力、政府支持力度不够等,这些因素明显制约了我国农民专业合作社的发展,亟待寻找解决途径。

本书主要采用比较分析法、理论研究与实证研究相结合等方法,结合我国农民专业合作社的发展情况并主要针对其存在的问题,借鉴国外农业合作社的成功经验,提出了一些建议与对策。

在内容安排上,本书首先对合作经济的内涵、主要类型、发展历史及发展趋势作了具体阐述；其次，介绍了有关农民专业合作社的若干基本问题，包括农民专业合作社的概念、产生动因、建设原则、分类、基本特征及发展的意义等；第三，主要介绍了不同国家(地区)农业合作社的发展现状及趋势，特别是通过对一些国家(地区)农业合作社的概况、特点及经验的介绍，得出了对我国发展农民专业合作社的借鉴与启示；第四，概述了我国农民专业合作社的发展历程、现状，具体分析了其在发展中取得的成效及存在的不足；第五，是对我国农民专业合作社的典型案例分析，详细分析了浙江省台州市农民专业合作社、浙江省三门县旗海海产品专业合作社等八个农民专业合作社的基本情况、采取的主要措施、取得的成效以及发展过程中存在的一些问题；最后，针对我国农民专业合作社的发展现状，提出了进一步发展农民专业合作社应注意的几个问题，包括农民专业合作社发展的原则、优化农民专业合作社发展的环境和农民专业合作社的发展趋势等。

　　本书的出版得到了"浙江省社科联省级社会科学学术著作出版资金"的资助，在此表示衷心的感谢！

　　本人学识有限，不当之处，恳请专家及广大读者不吝指教。

作　者

2008 年 12 月

目　录

第一章　合作经济的起源与发展

第一节　合作经济的发展历史

现代经济学认为,合作是个人或组织为达成共同的目标,通过自愿联合,有意识、有计划的共同协力与相互扶持,从而增强自己群体竞争能力的过程和行为。在人类发展史上,竞争与合作同为事物的两个方面,一直是相生相伴,并随着市场经济的发展,已日益成为推动现代经济社会发展的两大力量。因此,本来意义上的合作组织是市场竞争的产物,是劳动者联合生存与发展的自助组织。在市场经济不断发展,经济全球化、贸易自由化不断推进的情况下,合作组织的价值、原则和机制在减少竞争带来的负面影响方面正发挥着特殊的平衡作用,有助于经济的和谐增长与社会公正。

合作经济作为市场经济的产物,迄今已有 150 多年的历史了。合作经济经久不衰的原因是它以自身特有的性质、作用适应了市场经济的需要,在发展过程中实现了不断的完善。

一、早期合作经济思想的产生

欧洲是世界合作社运动和现代合作思想的发源地,随着欧洲产业革命和工人运动的兴起,19 世纪合作经济思想应运而生,兴办了一批合作社,产生了巨大的社会影响。

(一)空想社会主义者的合作经济思想

空想社会主义思想产生于 16 世纪初期,经过 300 多年的发展,在 19 世纪初达到了它的最高阶段。早期空想社会主义者的空想,涉及所有制和共同劳动,出现了合作经济思想的萌芽。在近代合作经济思想的发展史上,占有重要地位的合作经济思想家是著名空想社会主义者法国的沙尔·傅立叶(Charles Fourier, 1772—1887)和英国的罗伯特·欧文(Robert Owen, 1771—1858)。

他们在批判资本主义制度时，幻想出一个没有剥削、没有贫困、协同劳动、平等和谐的理想社会——合作社，并把合作社作为改造资本主义制度的药方。因此，他们始终是合作经济的拥护者、倡导者，甚至是直接实践者。

傅立叶出生于法国一个布商家庭，他注意到了资本主义制度带来剥削、贫困的严酷现实，批判了资产阶级剥削带来的欺诈、投机、囤积居奇、重利盘剥和暴力等罪恶，全面系统地阐述了合作经济思想，主张要组织新的理想的和谐社会，即由生产基层组织——消费合作社(法郎吉)联合起来共同构成的和谐社会。

欧文出生于一个小手工业者家庭，他设计的理想社会是"劳动公社"或"合作公社"的联合体。他认为合作公社是建立在财产公有制基础上的集体劳动的生产单位和消费单位，普通社员参与公社的管理，实行按需分配，公社之间存在分工和交换。公社产生的目的是为了满足全体成员的物质需要和精神需要。欧文比较系统地设计了合作制的原则、性质和组织形式，对以后形成的世界合作经济组织产生了一定影响。

(二)罗虚代尔公平先锋社的诞生

合作经济组织最早出现在英国。19 世纪初，英国的土地革命、工业革命把一大批农民、手工业者、产业工人推向失业大军，机械化生产、商品交换、市场竞争以及社会化的分工体系，在促进生产力发展的同时，不可避免地加剧了两极分化。雇佣工人、失业者、小生产者、低收入消费者在市场竞争中处于弱者地位，广大无产者不得不依靠自身力量进行合作社实践的伟大尝试。合作经济的产生和完善正是源于这个背景。

在 19 世纪中叶蓬勃兴起的合作社运动中，第一个真正获得成功并发展的合作社，是 1844 年成立的英国"罗虚代尔公平先锋社"(Rochdale Society of Equitable Pioneers)。作为世界上最早的合作社——罗虚代尔公平先锋社诞生于英国罗虚代尔镇。

罗虚代尔镇距英国重要的工业城市曼彻斯特约 40 千米，这里是英国的纺织工业中心地区。1843 年，当地工人罢工失败，民不聊生，工人的生活状况日益恶化。为了改变自己的这种处境，一些工人运动的领导者受欧文合作思想的影响，决定利用工人自己的力量，组织消费合作社，以解决工人群众的生活困难。于是，罗虚代尔镇的 13 名工人发起组织合作社，定名为罗虚代尔公平先锋社。经过长期的讨论，他们提出了一套成立合作社的计划，并决定筹集股金，自愿入社者每人 1 英镑。到 1844 年决定参加合作社的已增至 28 人，共收股金 28 英镑。1844 年 8 月 11 日举行了成立大会，通过了合作社章程,同年 10 月 24 日核准登记,12 月 1 日正式开始营业。

在罗虚代尔公平先锋社的章程中,明确提出了建社的目的是为了增进社员的经济利益,改善社员的社会地位及家庭状况。同时,罗虚代尔的先驱者们吸取了欧文合作社失败的教训,从社会现实环境出发,创立了一套适合市场经济要求,后来被世人称为"罗虚代尔原则"的办社原则。这些原则主要有:

(1)社员表决权一律平等,即一人一票,不因出资多少而有差异;

(2)对于政治宗教,保持中立地位;

(3)合作社盈余按社员向合作社购买多寡分配;

(4)合作社盈余中提取 2.5%作为社员教育费用;

(5)按照市价出售货物;

(6)实行现金交易,不赊购赊销;

(7)遵守公平交易、保质保量的标准。

罗虚代尔原则是一个进步的原则,是合作社运动史上从空想到现实的一个跃进。它对世界各国合作经济的发展都有不同程度的影响,并为各国合作社所仿效。1895 年国际合作社联盟成立时,经过修订后的罗虚代尔原则成为国际通行的合作社原则。之后,世界各国也都把罗虚代尔作为"现代合作社运动的发源地"。

(三)国际合作社联盟

国际合作社联盟(简称 ICA)于 1895 年成立于英国伦敦,总部设在日内瓦,主要目标是在全世界促进合作社运动,加强合作社之间的互助和民主。ICA 通过总部和各地区办事处,帮助发展中国家建立稳固的、强大的合作社,并在合作社的发展过程中,发挥协调员、分析家的作用。

国际合作社联盟是一个独立的非政府性的国际组织,团结、代表并服务于全世界的合作社。目前,国际合作社联盟拥有 125 个国家的 235 个成员组织,其社员总数已达 7.5 亿人。它的成员组织是各个领域的全国性合作社组织,涉及农业、消费、银行、信贷、保险、工业、能源、储运、渔业、住房、旅游等行业。

国际合作社联盟章程规定,合作社是人们自由联合,通过共同所有和民主管理的企业来满足共同的经济和社会需求的自治组织。合作社的基本价值是自助、民主、平等、公平和团结。合作社社员信奉诚实、公开、承担社会责任和关心他人的道德价值观。

从国际合作社联盟成立之初的罗虚代尔原则到 1895 年合作社章程的正式制定,共经历了四次修改和完善,1895 年国际合作社联盟在英国召开了成立 100 周年庆祝大会，并在大会上颁布了国际合作社联盟原则和章程。主要内容包括：

1. 自愿和开放的原则

合作社是自愿的组织，对所有能够利用合作社服务事业和愿意承担社员义务的人开放，无性别、社会、种族、政治和宗教的歧视。

2. 民主管理的原则

合作社是由社员自主管理的民主组织，合作社的方针政策和重大事项由社员积极参与决定。通过选举产生的代表，无论男女，都须对社员负责。在基层合作社，社员有平等的选举权(一人一票)。其他层次的合作社组织也要实行民主管理。

3. 社员经济参与的原则

社员要公平地入股，并民主管理合作社的资金，保证至少有一部分资金是合作社的公共财产。但是，入股只是作为社员身份的一个条件，若分红则受到限制。社员对其入股股金，在合作社有盈余的前提下，一般只接受有限补偿。合作社盈余按以下某项或所有项目进行分配：建立积累基金(其中一部分是不可分割的)来发展合作社，按社员与合作社的交易量返利，支持社员(代表)大会通过的其他活动。

4. 自主和自立的原则

合作社是由社员管理的自主自助组织，合作社若与其他组织包括政府达成协议，或从其他渠道筹集资金，必须做到保证社员民主管理并保证合作社的自主性。

5. 教育、培训和信息的原则

合作社要为社员、选举的代表、经理和雇员提供教育和培训，以更好地推动合作社的发展。合作社要向公众特别是青年人和舆论名流宣传有关合作社的性质和益处。

6. 合作社间的合作原则

合作社通过地方的、全国的、区域的和国际的合作社间的合作，为社员提供有效的服务，并促进合作社的发展。

7. 关心社区的原则

合作社在满足社员需要的同时，要推动所在社区的可持续发展。

这七条原则中，前三项原则是各合作社内部所具有的典型特征，后四项原则既影响合作社的内部活动，又影响着合作社的外部关系。合作社的基本原则是合作社运动的力量源泉，是合作社运动的血脉。世界各国的合作运动实践表明，只有遵循以上这些基本原则所体现的精神，将其作为合作社发展运行的指导原则来正确运用，才能基本实现合作社的目的。

二、马克思列宁主义的合作经济思想

(一)马克思、恩格斯的合作经济思想

马克思主义创始人的合作经济思想是在特定的历史时期形成的，主要是围绕着资本主义如何向社会主义过渡的核心展开。他们的合作经济思想主要体现在《资本论》、《国际工人协会成立宣言》、《法兰西内战》、《哥达纲领批判》、《法德农民问题》等论著中。

马克思科学地分析和评价了工人和农民在资本主义条件下，在生产经营实践中所创造的合作工厂或合作社等生产组织形式。马克思主义认为，资本主义条件下，合作经济组织产生的原因是在一定的社会生产力的发展阶段，为了克服生产的社会化和资本主义私有制之间的矛盾，缓解资本和劳动之间的对立关系所做出的一种生产经营制度的变革，这种变革是符合社会发展规律的。对于以怎样的方式实现小农之间的合作，马克思在1881年分析俄国农村有可能从个体小规模土地经营过渡到集体大规模土地经营时提到，农民习惯了劳动组合关系，有助于他们从小土地经济向合作经济过渡。俄国农民的这种劳动组合关系，就是一种建立在土地和部分生产资料合作社所有，实行集中劳动，按劳计酬的生产协作关系。

恩格斯对合作经济的看法在与马克思保持一致的同时，特别强调了合作制在向共产主义过渡时的地位与作用，并注意到了合作社利益同整个社会利益之间存在着矛盾。恩格斯在《法德农民问题》一书中系统地阐述了怎样引导农民走社会主义道路和农民合作社的理论。恩格斯认为，要挽救和保全他们自己的房屋和土地，只有把它们变成合作社的占有和合作社的生产才能做到。让农民有可能不是为了资本家的利益，而是为了他们自己的共同利益自己进行大规模经营。他指出，对小农只能采取引导的办法走合作制的道路，而绝不能搞掠夺式的办法。

马克思、恩格斯的合作经济思想是在特定历史时期形成的，围绕着资本主义如何向社会主义过渡的核心展开。其坚持自愿和示范的原则，重视生产合作和多种合作形式与分配形式并存的思想，在一定程度上构成了今天社会主义国家合作经济的思想理论基础。但由于他们的合作思想是基于消灭商品经济的认识而产生，其主张的合作是生产合作，忽视了产前、产后部门的合作。这种合作的基础是产品经济，而不是商品经济。另外，马克思、恩格斯

基于小生产必然灭亡的认识，提出社会主义合作经济，排斥个体经济和家庭经济，这对后来的社会主义合作化运动产生了重大影响，使合作经济的发展在一定程度上偏离了本来的方向。

(二)列宁、斯大林的合作经济思想

列宁根据社会主义建设的实践，继承和发展了马克思主义的合作经济学说。列宁在苏联新经济政策背景下发表的《论合作制》全面系统地阐述了其关于合作经济的理论观点。

首先，列宁肯定了在社会主义条件下，合作社是社会主义性质的一种经济组织。列宁把合作社看成是广大农民容易接受的简单易行的向社会主义制度过渡的最佳途径。其次，列宁认为合作化是一个长期的过程，要实现完全的合作化需要一定的条件，其中包括提高农民文化水平和学会做文明商人的本领。列宁承认社会主义建设时期也存在商品货币关系，因而也存在市场，也就需要按照商业的原则来组织和管理经济活动。再次，列宁强调要鼓励合作社的发展，国家要对合作社予以积极的支持和政策优惠。在列宁合作制思想的指导下，苏联的合作事业得到了很大的发展。

列宁的合作制思想在他逝世后没有得到实施，斯大林继承了列宁的合作事业，采取以行政力量强行发动的农业集体化运动代替尊重农民意愿的自愿互利的合作化过程。在行政权的支配下，通过集体经济对基本生产资料和主要生产工具的严格控制，限制了农民的经营管理自主权。斯大林重生产合作，轻流通合作，并以集体化取代了合作社，忽视了市场规律的作用，最终导致农业走向衰退。

从马克思主义有关合作经济的理论观点中，我们可以得出以下结论，并指导我们发展农民专业合作经济组织：一是合作经济组织的建立应是在劳动者自愿平等、互惠互利的基础上，采用多种形式的合作关系组成多种类型的合作经济组织。即在允许劳动者保留其生产资料和资金的所有权的前提下，既可以是简单的劳动合作，也可以是劳动和资本的共同合作。在分配方式上，既可以是单一的按劳分配，也可以是按劳分配与按入股额的大小进行分配相结合。二是合作经济产生于社会基本经济制度的基础之上，因而具有从属和依附社会基本经济制度的性质。合作经济的发展离不开代表社会基本经济制度利益的政府从立法、政策优惠、资金投入等方面的支持。

三、合作经济思想在中国的实践与发展

中国是世界上合作经济组织分布最广、数量最多、规模最大的国家，中

国合作经济组织的发展由来已久。早在 1918 年,中国的第一个消费合作社在北京大学建立。1919 年,中国的第一个信用合作社在复旦大学建立。1920年,中国的第一个生产合作社湖南大同合作社在长沙建立。1922 年,中国共产党领导的第一个合作经济组织——工人消费合作社在安源路矿成立。中国合作经济组织的发展是世界合作经济思想在中国传播的产物。

(一)合作经济思想在中国的传播和发展

20 世纪初,世界合作经济思想及其发展经验陆续从欧美、日本、俄国传播到中国,并形成多元化的合作经济流派,不同派别之间有重大区别,又互相渗透和融合。主要有三派:

一是改良主义的合作经济思想。它源于欧美地区,一批知识分子赴欧美留学考察,学习了解了欧美合作经济思想及合作社运动,他们主张通过发展合作社,避免资本主义弊端,建立合作共和国。其中以梁漱溟为代表的开展乡村建设运动和以晏阳初为代表的平民教育运动最为典型。

二是民主主义的合作经济思想。它是孙中山三民主义思想的一个重要组成部分。孙中山是中国最了解欧美合作经济的人,他学习考察了英国的消费合作社和美国的信用及生产合作社,提出民生主义必须平均地权,节制资本。

三是马克思主义的合作经济思想。五四运动以后,马克思主义开始在中国传播,陈独秀、瞿秋白、毛泽东都曾介绍马克思、列宁的合作经济思想,介绍苏联早期的合作社运动。

(二)国民党支持创办的合作经济

孙中山的三民主义倡导发展合作经济,国民党内以陈果夫为首的一些人也积极主张发展合作经济。1927 年,国民党定都南京后,开始用行政手段推行合作社。首先在江苏和浙江设立合作社管理机构,颁布合作社暂行条例,后延伸到全国。经过一段时间的发展,1934 年国民党政府颁布《中华民国合作社法》及《实施细则》。抗战开始以后,针对战区合作社大批停顿的状态,采取恢复、新建以及建立中心社等措施,发布《县级合作社组织大纲》,扩大专业合作。1945 年,全国合作社达到 17 万个。抗战胜利以后,国民党又颁布合作事业实施办法,对合作制度、合作经济组织、合作服务、合作行政、合作教育等作出决议。1949 年,中华人民共和国成立后,国民党组建的合作社部分解体,部分接受人民政府的改组。

国民党领导的合作运动是自上而下推动的,缺乏群众基础,发展不平衡,覆盖面小,从全国来讲并未起到改善农村经济,促进生产发展的目的。合作社往往被有权的人所把持,国家提供的农贷资金也主要是为少数人所享用。合作社为劳苦大众服务的实效并不显著。

(三)新中国成立后我国合作集体经济的发展

新中国成立之前,毛泽东合作经济思想基本形成。毛泽东在 1943 年的《组织起来》和 1949 年《在中国共产党七届二中全会上的报告》中表明了三个观点:

(1)对分散的个体农业和手工业经济要逐步地而又积极地引导他们向着现代化和集体化的方向发展。

(2)合作社是以私有制为基础的在无产阶级领导的国家政权管理之下的劳动人民群众的集体经济组织。

(3)建立在个体经济(指私有财产)基础上的合作经济是半社会主义性质的。初级形式的合作社要向苏联的集体农庄合作社过渡。

新中国成立以后,我国对农业、手工业和资本主义工商业的社会主义改造,基本上是按这个思想去实践的,且有新的突破。1949 年 9 月,中国人民政治协商会议通过的《共同纲领》规定,要鼓励和扶持广大劳动人民根据自愿原则,发展合作事业。1949 年 11 月中央建立合作事业管理局,各大区、省、地、县也都建立了合作社指导机构。1950 年召开全国第一届合作社工作者代表大会,刘少奇作了办好合作社的报告。为保障合作社的健康发展,刘少奇还主持拟定了《合作社法》草案(后未颁布)。1949—1952 年的三年恢复时期,全国建立基层合作社 3.5 万多个,社员 1.47 亿人,其中农村供销社 3.2 万个,社员 1.3 亿多人。1953 年,我国进入"一化三改"("一化"指国家工业化,"三改"即农业、手工业和资本主义工商业的社会主义改造),成立的互助组、初级社还是遵循了合作社的原则,按照规则运行,对于建立和巩固红色政权,建设社会主义发挥了积极作用。50 年代中期的"三面红旗"时期,农村中的合作经济组织发生了变化,合作制原则基本废弃,把农民自主自愿、民主管理、社员受益的合作社变成三级所有、队为基础的政社合一、一大二公的合作社,结果是"大锅饭"、"穷合作",入社成为政治空谈,合作经营成为"官办行为",严重伤害了农民的积极性和利益。但是,主流合作经济组织——供销合作社、农村信用社、城市手工业者工业联社、工商联社及合作医疗社等仍得到了完整保留,并在转轨中不断转型,融入市场经济大潮,发挥着越来越重要的作用。

第二节　合作经济的内涵及主要类型

一、合作经济的概念

合作经济有广义和狭义两种概念。广义的合作经济，是指以合作制原则为基础进行共同发展的经济组织形式。从某种角度来说，现行的各种经济组织形式都有合作经济的成分。狭义的合作经济是指合作社经济，通常指合作社，是指以合作社的组织形式为基础形成的一种经济形式，是劳动者约定的共营制经济，是劳动者为了共同的利益，按照合作社的原则和规章制度联合起来共同经营的自助经济。狭义的合作经济由三个基本要素构成：共营制、约定性和劳动者。本文的合作经济指合作社经济。

二、合作经济的内涵界定

合作经济是一个历史范畴，产生于资本主义社会基本矛盾日益激化的时代。随着社会历史的发展，合作经济的组织形式、经济关系都会有不同程度的变化。合作经济的基本形式、所遵从的基本原则虽然具有很大的继承性，但由于参加合作经济成员的社会经济地位的变化，其社会性质也发生了变化，具有一系列崭新的内容。

合作经济所包含的是不同经济类型的劳动者联合体。在各种合作社中，社员都保持其私有财产的所有权，社内资产的共有程度有着很大差别，可以说，合作经济所体现的是生产要素的组合方式，并非特定的所有制形式，在经济属性上属于公有经济和私有经济之间的中间位置，它们之间的比较参见表1-1。

合作社是一种新型企业，即劳动者联合约定共营企业，"民营、民管、民受益"。但合作社与公司不同，两者的本质差别在于公司以"资本"作为营运与分配利润的核心，而合作社则以"人"的考虑为核心，注重人与人之间的共同合作，使资本为人服务。两者之间的比较参见表1-2。

合作经济与集体经济虽然在外延上有重叠，但并不是同一个概念，它们是从不同的角度界定经济组织形式的。集体经济是就组织的所有制性质而言的，合作经济是就组织即运行方式而言的，两者的本质区别见表1-3。

此外，合作制从严格意义上说与股份合作制也是有区别的，见表1-4。

表 1-1　合作经济与私有经济、公有经济的比较

主要特征	私有经济	合作经济	公有经济
所有制	私有，法人所有	部分的合作共有	国有，社会所有
经济主体	私人企业公司等	合作社	国有企业
生产制度	依照竞争原理实现最大化、效率化	依照协议约定，试行适量适当的共同经营	依照政策实现标准化、规格化
经济机制	市场交换机制	约定协议互利互助机制	计划机制
组织原则与决策管理	竞争、自由	自主参加，分权管理	管理、集权
资金积累	私人或法人的积累	合作积累和再分配	统治的积累和再分配
经济动机	追求利润	追求共同利益	福利与公平
基本价值观	能力主义	互助、互惠、平等、公平	社会平等
社会结构	形成阶级、阶层	成员内部民主、公平	维持人为的社会平等

表 1-2　合作社与一般公司的比较

主要特征	公司	合作社
出现方式	17 世纪意大利、法国出现	1844 年形成完整明晰且沿用至今的"罗虚代尔合作原则"
社会基础	由资金所有者为追求更多的利润而结合	由经济、社会的弱者为改善经济生活而结合组成
联合的中心体	资本	人
目标	利润	经济上增进成员收入，理想上致力于社会改进
加入或结合方式	股票购买或出售	自愿
经营方式	由出资者或专人主持，所有权和经营权可分离	共同组织，协议经营
权利机制	权利与出资成正比	民主管理，一人一票
盈余分配制度	按资分配	按交易量(额)分配

表1-3　合作经济与集体经济的区别

主要特征	合作经济	集体经济
所有制	部分的合作共有	群体共有，社会共有
经济主体	合作社	集体企业
生产制度	依照协议约定，试行适量适当的共同经营	依照政策实现标准化、规格化
经济机制	约定协议互利互助机制	计划机制和集体分配
组织原则与决策管理	自主参加，分权管理	集权管理
资金积累	合作积累和再分配	统治的积累和再分配
经济动机	追求共同利益	福利与公平
基本价值观	互助、互惠、平等、公平	社会平等
社会结构	成员内部民主、公平	维持人为的社会平等

表1-4　合作制与股份合作制的区别

主要特征	合作制	股份合作制
产权结构	社员各人占有	社员占有与股东占有的联合
要素联合	劳动与业务的联合	劳动和资金的联合
劳动者与生产资料的结合方式	直接结合	既有结合，又有分离
股权与决策制度	自由，一人一票	劳股结合制
利益分配	按劳分配与按股分红相结合	按劳分配与有限制的按资分配相结合

三、合作经济的主要类型

进入20世纪以后，合作社发展的范围越来越广，涉及的领域越来越多。联合国作为世界合作社的中心协调组织。从1994年起，把每年的7月5日定为联合国国际合作社日。合作经济的发展在世界范围内呈现出多形式、多行业发展的态势。

(一)合作经济的发展涉及多种行业

合作经济从经营形态和行业上划分，有消费合作社、信用合作社、农业合作社、工业合作社和服务合作社等。

1. 消费合作社

消费合作社是最早建立的合作社形式,主要为社员和居民提供消费品供应服务。在一些发达的资本主义国家,消费合作社已形成规模和完善的服务网络,并在市场中占有一席之地。比如,瑞典的消费合作社市场份额占全部市场的四分之一以上。意大利有 1800 多家消费合作社,入社社员 335 万人。目前,我国城乡已建立 2 万余家消费合作社,北京市建立了城市居民消费合作社,天津市和鞍山市建立了职工消费合作社,并取得了良好的经济效益和社会效益。

2. 信用合作社

信用合作社起源于 19 世纪的德国,后来发展成为银行和储蓄合作社。它是世界上较为普遍的一种合作社形式。世界上有 125 个国家建立了信用合作社。美国、加拿大、日本、印度的信用合作社尤为发达。

3. 农业合作社

农业合作社是农民最易接受的一种合作经济组织。合作社在各国的农业发展中均发挥了重要作用。美国、澳大利亚、加拿大等农业大国的农业规模经营通过合作社来实现,出现了新一代农民合作社模式。美国约有农场主 200 万个,农场主初级产品的 80%是由合作社加工销售的,20 个奶品合作社占全国 A 级奶销量的 72%,有的农场主同时参加几个合作社。澳大利亚大米生产合作社由 2200 个农场联合组建,占有耕地 70 万公顷,合作社为农场提供化肥、种子、农药及播种等项服务,澳大利亚的出口大米几乎全部由合作社提供。加拿大 40%的农户收支是通过合作社进行的,加拿大的小麦出口主要由合作社提供。法国的农业合作经济组织分工细、种类多,一个农户一般要参加 5–6 个专业合作社,合作社的谷物产量占全国市场的 75%,葡萄酒和乳制品占 50%以上。日本的农业一直以农户经营为主,但其农业协同组织是一个庞大的为农民服务的组织网络,几乎每个村都有农协,农协为农户提供农资供应、技术指导、产品销售、信贷、保险、医疗等各类专业和综合服务。

4. 工业合作社

工业合作社一般又称工人合作社。在资本主义条件下,由于它解决了劳资对立的矛盾,有利于工人就业,有利于改善工人的社会经济地位,所以一百多年来一直存在着工人合作社。在欧洲,英国、德国、法国、意大利、西班牙等国都有一批工人合作社得到了长足的发展。1995 年法国有生产合作社 1620 个,1996 年意大利有生产合作社 7400 家。这些国家的工人合作社都有联盟组织,在国际合作社联盟下还设立了工业和手工业合作委员会。

1994 年 6 月，在西班牙召开西科巴第四届世界大会时，50 多个国家的 400 多个代表参加了会议，世界工人合作社的社员达到 1 亿多人。

世界工人合作社办得最好的是西班牙蒙德拉贡联合公司。蒙德拉贡是西班牙巴斯克地区的一个小镇，1943 年何塞·马丽亚神父到小镇宣传合作经济思想，创办了工人技术学校，1956 年由 5 个毕业生发起创建了第一家工业合作社，生产煤油炉。到 1959 年已发展到了 3 家生产合作社，1 家消费合作社。1959 年又创建了信用社，对外称劳动人民银行。1969 年建立研究中心，之后又发展了现代化的超市，发展了保险、住宅、教育等领域的合作社。目前，蒙德拉贡拥有工业、商业、金融、教育、科研等合作制企业 100 多家，设有工、商、金融三大行业集团。蒙德拉贡的整体实力居西班牙第五位。蒙德拉贡是世界公认的"当代合作运动的典范"。

5. 服务合作社

服务合作社是随着社会经济发展而涌现出来的新型合作社形式，包括住宅、教育(学校)、保健(医疗)、服务、托儿所、殡葬、出租车等合作社。这些合作社的社员一般不用提供多少入社资金，也不一定是按交易额返还报酬，主要是互助合作，发挥联合的优势，有利于改善社员的社会经济地位和生存环境，体现了合作经济自愿参加、自主管理、自担风险、自我服务的机制，因此，得到了人们的欢迎。

(二)合作经济的发展形式多种多样

合作经济是一种联合的经济组织，其财产组织形式、经营方式、经营体制是互相融合、多种多样的，大致可分为以下六种。

1. 专业合作社

专业合作社以农业中各类专业的合作为主体，按生产、加工、采购、销售、技术支持、金融服务等需要，按合作制原则组建、运作，建立企业体制。这类合作社的主要特点是专业性强，即以某一产品或某种功能为对象组成合作社，如奶牛合作社、小麦合作社、销售合作社、农机合作社等。

2. 行业合作协会

行业合作协会是合作社和生产者(农户)按具体行业建立的群众性联合经济组织，为企业和个体生产者提供标准、信息以及生产、销售、技术培训等各类服务，不以盈利为目的。

3. 区域性合作经济组织

区域性合作经济组织是按地域组织划分的专业或综合性的合作社。这类合作社的主要特点是跨区域合作与联合，以共同销售为主。比如，苏联的集体农庄、朝鲜的合作农场、中国和越南的农业合作社、以色列的兹布基和莫沙夫等等，以农业为主，发展相关产业，联合的区域性比较突出。

4. 综合性合作经济组织

综合性合作经济组织以地域联结为纽带，实现产业联结，具有核心产业，实行多种产业共同发展。这类合作社的主要特征是以综合性为主，主要为农民提供指导服务、农产品销售服务、信用服务。如英国的罗虚代尔，先以消费社起家，后又兴办许多生产合作社。我国乡镇和街道建立的较大的集体所有制占主体地位的集团公司，基本上属于这一类。

5. 劳动者联合的经济组织

劳动者联合的经济组织分为四种类型：一是西欧的工人合作社，员工出资入股，股金只付息不分红，盈余以按劳分配为主。二是我国未改制的集体企业，在一定范围内劳动群众共同占有生产资料，劳动者并未出资，以劳动联合为主，没有明晰产权，盈余主要用于扩大再生产和按劳分配。三是我国城乡各行业存在的股份合作制企业，以劳动者的劳动联合和资本联合为主，盈余既按劳分配，又按资分配。四是我国城乡各行业存在的以职工持股为主体的股份制企业，突出劳动者的资本联合。

6. 合作社联盟及联合经济组织

合作社联盟及联合经济组织是按行业、地区组建的合作社联盟及合作社联合社，在欧洲各国比较普遍地存在，我国的供销社属于这一类型。

第三节　合作经济的发展趋势

合作经济是世界经济发展的一个潮流，不可阻挡。目前已经有 8 亿多人参加了合作经济组织，但它的发展并不平衡，仍面临着一系列问题，如对合作经济地位作用的认识问题、发展走向问题、发展环境特别是政府支持问题等，合作经济组织的经营管理水平也亟待提高。

一、合作经济是世界经济发展的一个重要潮流

目前，世界大多数国家都确立了市场经济取向，都比较重视合作经济的发展。历史已经告诉我们，市场经济的发展为合作经济提供了生存发展的条件，合作经济的发展使市场经济步入坦途。许多社会主义国家过去以计划代

替市场，追求国有化，用高度集中的集体化代替劳动者拥有产权的合作制，并由集体向全民过渡，搞财产归大队，这是一段弯路。在我国，对合作经济缺乏了解，把合作经济与"一大二公"、"一平二调"联系在一起；有的主张对集体企业实行"一卖了之"，有的又提出让集体经济退出；侵吞、平调挪用集体资产的现象时有发生，集体职工的权益迫切需要给予法律和政策的保障；合作经济立法滞后，集体经济政策指导不及时，支持服务体系不健全，示范、引导跟不上。因此，我国合作经济改革发展的任务十分艰巨。

无论是发达国家还是发展中国家，无论是资本主义国家还是社会主义国家，只要有商品交换，只要有中间环节，只要有两极分化，就存在弱势群体，这些弱势群体就会自愿组织起来兴办合作经济，以多种合作形式抵御市场风险，维护自己的权益，改变弱势地位，争取更好的生存发展环境，从而脱贫致富。这是历史留给我们的一个客观规律，也是现实需要我们作出的一个正确抉择。我国实行社会主义市场经济，与上述情况基本一致。因此，合作经济不是消亡，而是随着市场经济的发展，更具有时代特色。

二、合作经济必然以多种形式发展

由于政治、经济、社会、文化的差异，人们对合作经济的认识不尽相同，认识和实践也是不断变化的。马克思在探索社会主义从空想到科学的发展过程中，坚持不断发展论，强调在实践中发展的观点，不把最终规律强加到合作经济上。用马克思主义的辩证唯物论观点看问题，合作经济在世界各国的发展必然是多元化的、多层次的，在多种行业分布，以多种形式发展。

随着市场经济的发展，商品生产和交换的专业化、社会化、现代化特点越来越突出，市场机制越来越强化，合作经济在筹资方式、经营体制、产权制度、分配原则等方面与市场经济相结合的要求越来越迫切。合作经济只有以多元化、多样式、多层次的形式发展，才能适应这个总趋势。

合作经济在经营体制上，有专业化经营，有区域化经营，也有综合性运营；有单层经营，也有双层经营和多层经营；有两权合一的直接经营，也有两权分离的承包、租赁及委托经营。在联合方式上，有的以劳动联合为主，有的以资本联合为主，有的是劳动联合与资本联合相结合；有的是劳动者和消费者的直接联合，有的又是合作社、集体企业、股份合作制企业和股份公司的联合等等。

在产权制度上，在维护劳动者、消费者个人产权的基础上，使资本社会化占有。有的在个人所有权的基础上实行生产资料共同占有(或称合作社、企业及公司集体占有)；有的实行个人所有和集体共有相结合，其中集体共有资产所占比例有大有小，而多元投资主体往往是混合所有制。

在分配原则上，有的按劳动惠顾返还，有的按交易额惠顾返还，有的按劳动和资本共同分享盈余。

在企业制度上，以劳动者的劳动联合为主的属于合作制，以消费者的资本联合为主的也属于合作制，以劳动者的劳动联合与劳动者的资本联合相结合的属于股份合作制，以劳动者的资本联合为主的属于股份制(包括股份公司和有限责任公司)。

三、合作经济必须坚持合作制的基本原则和价值准则

众所周知，没有罗虚代尔原则，就没有合作经济的早期成功，没有罗虚代尔原则的再完善，现代合作经济可能会走一些弯路。1995 年国际合作联盟曾制定了《关于合作社界定的声明》，2002 年联合国国际劳工组织又制定了《合作社促进建议书》，这是一个对世界合作社发展具有战略意义的文件，它对国际合作社原则作出了新的更为全面的规定，更适应现代市场经济的要求。

国际合作社原则分为两部分：一是合作社的价值原则，包括自助、自担风险、民主、平等、公平与团结以及诚信、开放、社会责任与关怀他人；二是合作社的经营原则，包括入社自愿、退社自由、民主管理、成员经济参与(指投资入股)、自治与独立、教育、培训与信息、合作社之间的合作以及关注社区。这是世界性的界定标准，是历史发展的成果。

尽管各国各类合作经济组织的差异很大，可以因地制宜，但基本原则是一致的。比如发达国家新一代合作社都引用了股份公司的机制，合作的对象、内容、方式有所创新，封闭的合作体制开始突破，合作社的资本多数以股份形式运营。原来的合作社有的变成了股份公司，原来不以盈利为目的的合作社变成企业后，比较注重盈利，但他们仍坚持合作制的基本原则。比如合作社的利润有的以劳动返还为主，有的以交易额返还为主，有的按股返还，但成员持股与交易额挂钩，并防止少数人控股等。历史证明，合作经济是兼有社会功能的经济形式，它对经济发展、社会稳定和进步具有其他经济形式不可替代的作用。在我国，农村和城市都需要提倡、鼓励、支持合作经济的发展。

四、合作经济的走向是民有民营民享经济

世界合作经济思想的基本取向是消除某些社会成员对另一些社会成员劳动成果的不公平占有。马克思经过几十年的研究，认为不能剥夺农民的个人所有权，要通过劳动者与生产资料相结合，通过建立联合的生产方式，包括合作工厂(工人合作社)、农民合作社，也包括股份公司，实现从资本主义向社会主义的过渡。发达国家对合作经济的创新和发展作了一定的实践和探索。比如，美国在 20 世纪 70 年代制定职工持股计划，许多优秀的大公司、小公司都在推进职工持股制度。英国在国有企业私有化进程中建立职工协会，就是让职工、管理者共同持股。日本、德国、法国的职工持股制度也很完善。这是社会的进步。

民有民营是针对国营或官营提出的，不是针对公有、国有和私有而提出的。民有包括私有，也包括联合起来的个人所有，还包括劳动者和消费者共同占有。民有民营是民间所有、民间经营，或称以民为本的经济，它是多元利益主体，众多市场参与者、经营管理者不是政府而是民主管理，是自治、自主、自担风险。实行民有民营必然实行民管和民享。民有民营经济是把管理变为监督与服务。合作经济的取向是民有民营经济。无论是国际合作社的原则和价值准则，还是社会主义国家合作经济的改革走向，都是向着民有民营、民管民享的方向变革的。

五、合作经济的发展需要良好的外部环境

合作经济是弱势群体参与、弱势群体受益的事业。世界上合作经济发展壮大的国家，支持合作经济发展的政策是比较完善的，最突出的是信贷、税收、财政扶助，尤其是在建立服务体系，支持合作经济搞人力资源开发，以及提供信息、技术、管理和营销服务等方面。

国际劳工组织的《合作社促进建议书》列出专门的一章，提出"合作社促进的公共政策实施"。一是制定法令政策，要听取合作社的意见。二是政府应通过支持服务机构为合作社提供法律、税务、审计、技术、信息、管理、人力资源开发等服务。三是政府以适当手段帮助合作社解决融资问题。

世界上许多发达国家和发展中国家都采取减税、低税、免税和补贴的政策支持合作经济的发展。韩国一般企业法人的适用税率为 20%，合作社法人仅为 5%，合作社加工企业和商店免税。美国农业合作社纳税只有工商企业的三分之一左右。加拿大合作社社员的惠顾返还金不纳税，新成立的合作

社三年内免税。法国农业合作社免缴生产净值 35%—38%的营业税。

我国对合作经济的认识一直处于研究探索阶段，合作经济发展滞后，缺乏良好的社会发展环境。目前，我国对合作经济的发展应解决以下几个问题：

一是媒体要宣传引导合作经济的发展，消除长期以来的负面影响。

二是有关管理部门应扭转对合作经济的认识，政府和社会各方面应支持和扶助群众兴办合作经济组织。

三是着手合作社立法，尽快为合作经济制定政策法规。

四是进一步从财政、税收、信贷、科技、市场准入等方面给予政策支持。

五是建立合作经济支持服务体系，政府宏观调控，由支持服务体系提供法律、政策咨询，以及信息、管理、技术、营销、创业辅导等各类服务。

六是实施以人为本的战略，切实从教育和培训入手，抓好合作经济的人力资源开发。

第二章　农民专业合作社的若干基本问题

第一节　农民专业合作社概述

一、农民专业合作社的概念

农民专业合作社是我国广大农民在农村土地家庭承包经营基础上自主创办的农业生产经营组织,是伴随农业产业化经营逐步发展起来的全新的市场主体,是对家庭承包经营为基础、统分结合的双层经营体制的丰富和完善,是我国农业生产经营体制改革中的重大制度创新。根据《中华人民共和国农民专业合作社法》的规定,农民专业合作社是指农村家庭承包经营基础上,同类农产品的生产经营者或者同类农业生产经营服务的提供者、利用者,自愿联合、民主管理的互助性经济组织。农民专业合作社以社员为主要服务对象,提供产前、产中、产后的技术、信息、生产资料购买和农产品的销售、加工、运输、贮藏等服务。具体内容包括以下几个方面:

第一,农民专业合作社主要由享有农村土地承包经营权的农民组成。它区别于传统的农村集体经济组织,是在农村家庭承包经营基础上农民自发组织起来的新型合作社。加入农民专业合作社不改变家庭承包经营,在遵守本社章程的前提下,仍然具有生产经营自主权。

第二,农民专业合作社围绕同类农产品的生产或者同类农业生产经营服务而组织起来,实现成员共同的经济目的。这里所称的"同类",是指以《国民经济行业分类》规定中类以下的分类标准为基础,提供该类农产品的销售、加工、运输、贮藏、农业生产资料购买,以及与该类农业生产经营有关的技术、信息等服务。

第三,农民专业合作社遵循国际上通行的合作社的定义和原则。国际上通行的合作社的定义是人们自由联合,通过共同所有和民主管理来满足他们共同的经济和社会需求的自治组织。基本原则包括:自愿和开放的社员原则,社员的民主管理原则，社员的经济参与原则，自治、自立的原则，教育、培训和信息的原则等。

农民专业合作社是随着我国农村经济体制改革应运而生的新生事物。

20世纪70年代末开始的农村改革，确立了以家庭承包经营为基础、统分结合的双层经营制度，农民的生产积极性和农村的生产力得到了极大的调动，农村商品生产迅猛发展。随着农业生产力的发展和农村市场经济的深入推进，出现了农产品的卖难、技术采用难、标准推广难、获取市场信息难，农民市场谈判地位低，农村消费品市场上出现假冒伪劣商品，农业生产资料市场出现假种子、假化肥、假农药等问题。那么，如何在不改变农村现行的家庭承包经营制度的情况下来解决这个问题呢？于是，一批为农民提供单项服务的专业类协会应运而生，并在发展中逐步向经济实体方向和综合性服务组织转变。与此同时，合作社的基本理念和原则在这些经济组织中逐步得以应用和普及，具有合作社基本特征的农民合作经济组织逐步在农村成长和发展壮大起来。

进入90年代中后期，随着农业发展进入新的阶段，农产品供求关系发生根本变化，农民专业合作经济组织出现了范围扩大、业务拓宽、功能增强的发展势头，一批为农民提供产前、产后服务的专业合作经济组织实体也开始出现。

进入21世纪以来，农民专业合作经济组织呈现快速发展的趋势，已经从简单的技术服务、生产资料供应和产品销售等服务，向更广范围和纵深领域延伸。各种新型的合作组织不断涌现，覆盖了原材料供应、生产、加工、运输、销售、技术服务、信息咨询、金融等诸多领域。同时，农民专业合作经济组织的规范化程度不断提高，规模不断扩大，带动能力不断增强。不少地方出现了专业合作经济组织的联合与兼并，跨行业、跨地区、产供销一体化的专业合作社不断涌现。

二、农民专业合作社产生的动因

新制度经济学家诺斯在他的制度变迁理论中提出，如果制度变迁的预期收益超过制度变迁的预期成本，一项制度安排的变迁就可能发生。他还把这预期收益的来源归结于诸如实现规模经济、降低风险、降低交易费用等"外部利润"。

从农民专业合作社产生的诱因分析，一般来说，农户组建或参加农民专业合作社，一是希望通过专业合作社使其净经济收益更大或最大；二是希望在他们投资生产某产品之前从专业合作社得到一个稳定的市场收益预期；三是希望通过专业合作社来抵消市场力量，纠正市场上的价格扭曲。农民对建立专业合作社的内在的强烈需求在于自身利益的严重流失和服务需求的难以满足。分散农户在销售领域的力量十分弱，他们将农产品销售给贩运商或个体经销户或加工企业，造成利益的严重流失。有关研究表明，农民从生产的农产品中所应得的利益，大体上有 43% 在加工和流通两个环节流失了，而我国目前有 60%—70% 甚至更高比例的农户要自己解决农产品的运销问题，因而流通环节损失的利润每年高达 200 亿元。同时，随着农村经济的发展及微观经济基础的变化，原有的在计划经济条件下由政府需求诱致产生的农业社会化服务组织已越来越无法满足农户日益增长的对农业社会化服务的需求。一方面，在新兴领域(以养鱼、肉蛋鸡饲料、蔬菜生产加工、绿色食品生产等)中从事商品生产的农户迫切需要的各种服务，难以从原有的服务组织中得到。另一方面，原有服务组织提供的服务质量低下，费用也高，不能满足在市场经济条件下成长起来的讲求效率和效益的专业农户的要求。应运而生的专业合作社为农户解决了单家独户"办"不了，社区合作组织"统"不了，国家相关部门"包"不了的事情。农民专业合作社产生和存在的经济合理性，就在于它能够为农户提供诸如实现规模经济、降低风险、降低交易费用等"外部利润"。

三、农民专业合作社建设的原则

农民专业合作社以其成员为主要服务对象，提供农业生产资料的销售、加工、运输、贮藏以及与农业生产经营技术有关的技术、信息等服务，它是一种特殊形态的企业。根据《中华人民共和国农民专业合作社法》，我国农民专业合作社应当遵循下列原则。

(一)成员以农民为主体

农民专业合作社的成员中，农民至少应当占成员总数的80%。成员总数20人以下的，可以有一个企业、事业单位或者社会团体成员；成员总数超过20人的，企业、事业单位或者社会团体成员不得超过成员总数的5%。

(二)以服务成员为宗旨，谋求全体成员的共同利益

一方面，农民专业合作社以其成员为主要服务对象，坚持以服务成员为宗旨。农民加入合作社后，可以享受合作社提供的专业性的产前、产中、产后服务，更好地发展生产。农民专业合作社则将成员分散生产的农产品和需要的服务集聚起来，以规模化的方式进入市场，改变了单个农民的市场弱势地位。农民专业合作社是以成员自我服务为目的成立的,参加合作社的成员,都是从事同类农产品生产、经营或提供同类服务的农业生产经营者,目的是通过合作互助提高规模效益,完成单个农民办不了、办不好、办了不合算的事。另一方面,农民专业合作社为成员服务,还必须坚持谋求全体成员的共同利益。不论是农民个人成员还是企业等团体成员,加入合作社都是为了享受合作社提供的服务。合作社以同类农产品或者同类农业生产服务为纽带将成员组织起来,本质上是成员的共同利益的联合体,这种共同利益是成员间进行合作开展一致行动的基础。同时,只有谋求共同利益才能保证全体成员的利益最大化,实现每一个成员加入合作社的目的。

(三)入社自愿,退社自由

农民可以自愿加入一个或者多个农民专业合作社,入社不改变家庭承包经营,仍然具有生产经营自主权;农民可以自由退出农民专业合作社,退出的,农民专业合作社应当按照章程规定的方式和期限,退还记载在该成员账户内的出资额和公积金份额,依法返还可分配盈余。

(四)成员地位平等,实行民主管理

主要包括两个方面:一方面是健全农民专业合作社的组织机构。农民专业合作社必须设立成员大会或者成员代表大会,并按照法律和章程的规定召开会议。农民专业合作社必须设理事长,理事长为本社的法定代表人。合作社也可以根据自身需要设立理事会、执行监事或者监事会。另一方面是法律保证农民成员对本社的民主管理。由成员通过法律规定的民主程序,直接控制本社的生产经营活动。

(五)盈余主要按照成员与农民专业合作社的交易量(额)比例返还

盈余分配方式的不同是农民专业合作社与其他经济组织的重要区别。合作社法规定,可分配盈余按照下列规定返还或者分配给成员,具体分配办法按照章程规定或者经成员大会决议确定:

(1)按成员与本社的交易量(额)比例返还,返还总额不得低于可分配盈余的60%;

(2)按前项规定返还后的剩余部分,以成员账户中记载的出资额和公积金份额,以及本社接受国家财政直接补助和他人捐赠形式的财产平均量化到成员的份额,按比例分配给本社成员。

四、农民专业合作社的分类

农民专业合作社的种类繁多,凡是以农民为主体,从事各种专业经营或服务活动的合作社，都属于农民专业合作社。按不同的方式划分，农民专业合作社主要有以下一些类型：

按经营服务内容划分，可分为生产资料供应类合作社、技术服务类合作社、加工类合作社、运输类合作社、销售类合作社等。

按其创办者的身份划分，可分为农村能人或大户牵头型、龙头企业带动型、为农服务部门兴办型、政府发起型等。

按其组建的方式划分，可分为农民自办型、官办型、官民结合型等。

五、农民专业合作社的基本特征

农民专业合作社作为独立的合作社法人，既从事不同的经济活动内容，又作为群众性的组合起着社会经济团体的作用，维护社员的利益。合作社有一种独有的自愿、自主、互利的合作关系。农民专业合作社的基本特征是指其所独有的，决定其本质的典型特征，也就是对合作社的质的规定性。合作社的基本特征可以概括为以下几点。

(一)合作社有其独有的组织原则

合作社的组织原则就是国际合作社联盟所确立的合作社基本原则，既是合作社组建之初所要遵循的原则，也是合作社在实际运行中所要遵循的基本准则。合作社的基本原则是合作社在组织上的规范，集中体现了合作社的特征，也是辨别真假合作社的标准。这些组织原则并非是哪一个人或某几个人凭空想象出来的，而是在合作社运动过程中逐渐形成并得到证明，为世界各国的合作社实践所确认。

(二)合作社有其独特的宗旨和目的

合作社是劳动者或小生产者在自愿的前提下组成的利益共同体，是劳动者进行自我服务的经济组织。因此，它的目的不是获取利润，而是为全体组织成员提供各种所需的服务。合作社根据组织成员的愿望和要求开展业务经营活动，并通过组织的力量使各成员的经济利益不断实现，政治地位得以提高。

(三)合作社有其独特的经济关系

这表现在其经济活动的前提是劳动者自愿将一定的资金、劳力、技术或生产资料作为股份入股，按自主劳动、经营和民主管理方式进行运作，成员从中获得一定的经济利益和各种各样的服务，这就是合作社所特有的自愿、民主、互利的经济关系。在这一经济关系中，组织成员虽然要以一定的资金作为股份加入合作社，但成员的股金不能分红，股息受到严格限制。并且，在决策权上,不是以股金为本位的"一股一票制",而是以人为本的"一人一票制",这说明在合作社经济中,资金处于从属地位,这一点也是合作社基本特征的核心内容,既是不以盈利为目的的要求和体现,也是民主管理原则得以实现的保证。

(四)合作社有其独特的管理方式,即民主管理

这里所说的民主管理是指依靠合作经济组织的所有成员进行的自我管理。由于在合作社中,资金处于从属地位,成员有平等的投票权,即一人一票,所有成员都是合作社的主人,都有权管理它。民主管理在合作社的具体运作过程中体现在:

(1)合作社的方针和重大事项要由社员积极参与决定。如资金的筹集,经营盈余的分配,管理人员的选举等重大事项。

(2)通过民主选举出来的管理人员要对所有的成员负责。被选举出来的管理人员必须考虑成员目前的利益和长远利益。合作社内部可以建立监督机制来监督管理人员,避免其滥用职权和发生营私舞弊的行为。

(3)在基层合作社里,成员有平等的选举权,要坚持"一人一票制"。在第二级、第三级合作社里,可以灵活应用"一人一票制",如采用按比例投票的制度,以反映合作社和成员的规模及参与合作的承诺。民主管理是合作社的一个重大特征,只有坚持民主管理,合作社才有活力和凝聚力。

六、农民专业合作社与其他社会经济组织的区别

农民专业合作社是符合合作社制度规范的合作经济组织,是合作社的一种形式,与其他社会经济组织是有区别的。

(一)农民专业合作社与一般企业的区别

(1)农民专业合作社以谋求、维护和改善成员利益为目的。成员的需要是合作社存在的主要目的,成员不仅有经济需要,也有社会、文化方面的需要。而一般企业则追求投资者的资本收益最大化,并不以为特殊的对象服务为目标。

(2)农民专业合作社一般以劳动联合为基础,联合起来的劳动者是主体。虽然合作社也采取入股联合的形式,但资本的联合从属于劳动的联合。一般说来,合作社的成员既是资产所有者,又是服务对象(劳动者),实现了资本与劳动的直接结合。而在一般企业中,资本是主体,资本与雇佣劳动的对立依然存在。公司制是资本所有者的联合,是资本的集中,是私人资本通过联合转化为社会资本的一种方式,而且股东并不一定从事企业的生产经营。

(3)农民专业合作社一般由使用者成员均衡持股，即使股份有差异，也有限制，一般不允许非成员持股。而一般企业可以差别持股，也没有限制，特别是股份制企业，股东基本上不是本企业的使用者。

(4)农民专业合作社一般实行"一人一票制"(也可能实行投票权与惠顾额对应的制度)，成员以平等的身份参与企业的决策与经营。而一般企业实行"一股一票制"，大股东可以通过购买股票掌握企业的股份控制额，从而左右企业的经营决策，股东之间是不平等的。

(5)农民专业合作社按成员与专业合作社的交易量(额)分配为主，股金一般不支付高额红利，即使是成员扩大投资的资本，也只能获得有限的利息，处于从属地位。而一般企业的分配以股份的多少分红，即按资分配。

(二)农民专业合作社与村经济合作社的区别

(1)产生背景不同。村经济合作社，也叫村集体经济组织、村合作经济组织，是人民公社实行政社分设和推行家庭承包责任制以后形成的社区性公有制经济组织，以公有土地、农业设施和其他公有财产为基础，以村落为单位建成。农民专业合作社是实行家庭承包责任制后，一些农民为了了解信息、开拓市场、增加收入，以生产经营同类农产品为基础，自发开展生产、技术、信息和品牌、加工、包装、销售等互助合作而形成。

(2)组织功能不同。村经济合作社在以家庭承包经营为基础、统分结合的双层经营体制中，主要发挥"统"的功能，体现为生产服务、管理协调、资产积累、经济开发等职能，对集体土地和其他生产资料进行发包，但由于体制上的原因，生产服务等功能在不断弱化。农民专业合作社在坚持家庭承包经营责任制的基础上，发挥着调整产业结构、组织农民生产、提升农业产业、增加农民收入等作用，是村经济合作社发挥"统"的功能的补充和完善。

(3)成员吸纳不同。村经济合作社吸纳成员，一般以行政村为单位，按户籍关系自然形成，具有明显的社区性，有的因婚姻嫁入产生，有的因生育产生，也有的因特殊原因户口迁入而产生。农民专业合作社吸纳成员，一般是同类或相关农产品的生产经营者，按照内部章程的规定自愿加入形成，可以跨社区、跨乡镇，甚至跨县、跨省。

(4)产权归属不同。村经济合作社的资产，归村经济合作社全体成员所有，部分积累根据一定的方式进行分配。实行社区股份制改革的村经济合作社资产量化到成员，但多数村经济合作社的资产没有量化到成员。农民专业合作社的资产，由成员入社时出资形成，按成员出资情况归属资产，形成的积累归成员所有，有的合作社也将积累量化到成员。

(三)农民专业合作社与专业协会的区别

(1)农民专业合作社是一种从事经营服务活动的经济组织,按《中华人民共和国农民专业合作社法》规定,如果要登记,要到工商部门去登记。专业协会是一种维护会员利益的社团组织,按照我国目前的法律规定,如果要登记,要作为社团法人到民政部门去登记。

(2)农民专业合作社的成员对象主要是农户,也可有少数起牵头作用的非农户法人组织。专业协会的会员对象除种养户外,还包括行业内的加工流通企业和专业合作社等。

(3)农民专业合作社的职能主要是对内服务、对外经营,提高农民进入市场的组织化程度(包括提高农业的生产水平和农民的谈判地位)。专业协会的职能主要是为会员提供专业服务和自律、协调。

(4)农民专业合作社的收入来源主要是成员提供产品的经营收入和服务收益。专业协会的收入来源主要是成员的会费。

(四)农民专业合作社与合伙制企业的区别

虽然农民专业合作社与合伙制企业都是劳动者个人之间的自愿联合、共同出资、共同经营、自负盈亏的约定共同经营,常常会相互混淆,但它们之间存在明显的差异:

(1)农民专业合作社是以农民的劳动联合为主,虽有资本联合的成分,但从属于劳动联合。合伙制企业则以资本联合为主。

(2)农民专业合作社一般对本组织的债务只负有限责任,成员之间不负连带责任。合伙制企业对企业的债务负无限责任,合伙人之间相互承担连带责任。

(3)农民专业合作社内部有比较合理的治理结构,对决策、分配等有明确的规定。合伙制企业的决策、分配等一般按全体合伙人的约定进行,而且生存有限,一个合伙人的退出、死亡或新合伙人的加入,都会使得原合伙结束,新合伙开始。

(五)农民专业合作社与一般非营利组织的区别

农民专业合作社与一般非营利组织的共同点是它们都以特定的目标群(成员或客户)或公众提供服务为目标,所以人们也常常将农民专业合作社称为非营利组织。但它们之间有着质的区别:一般非营利组织的服务目标群(客户或公众)并不是该组织的所有者,而农民专业合作社的服务对象(成员)是该组织的所有者。应该旗帜鲜明地指出农民专业合作社是营利组织,尽管它具有非营利性。实际上,合作社的非营利并不意味着它在市场上不追求利润,而是意味着在组织内部,它与成员的业务是"在非盈利或成本基础上"经营,不以利润最大化为目标。它通过对成员的低成本服务和基于惠顾的盈余返还来实现其自助、公平的价值观。

第二节　发展农民专业合作社的意义

在农业发展的新阶段,如何使占人口大多数的农民与大市场有效地衔接起来,已成为农村经营体制改革的重中之重。近年来,一些地方的种养业产销大户、农村经纪人、龙头企业等有号召力的能人和企业牵头,周边农户自愿参加,组建了多种形式的农民专业合作社,实行产业化、规模化经营,已是一种必然选择,也是新农村建设的重要生力军。农民专业合作社创新了我国的农业生产经营体制,提高了农民的组织化程度,增强了抵御自然风险和市场风险的能力,其生命力已在而且还将在农业和农村现代化发展过程中日益凸现出来。

一、农民专业合作社在新农村建设中的地位

建设新农村,不只是党和政府的事,需要全社会各行各业互动。特别是农民专业合作社要充分认识到建设新农村是自身发展壮大的一次历史性难得的机遇,更是发挥服务功能和作用的大好时机。因此,农民专业合作社必须积极地参与到新农村中去,主动承担建设新农村的重大任务,在促进城乡统筹发展、建立工业反哺农业、城市支持农村的机制上寻找切入点;在促进农村经济社会全面发展、加快改善农村生产、生活条件和整体面貌上寻找服务点;在解决农产品卖难、助农增收中寻找突破点。

发挥合作社技术、信息、市场、集聚等优势,主动在这个领域争作为、作贡献,积极主动地承担支农项目、农民培训、信息传递、技术指导、产业结构调整以及惠农政策的落实等工作,架通党和政府与农民之间的桥梁,探索新的乡镇治理模式,把党和政府的关怀和温暖传递给广大农民群众,这些正是农民专业合作社应起的作用。

(一)农民专业合作社是新农村建设中的主体力量

农民自愿联合在一起的目的,就是要通过自身的合作,创造为自己服务的条件,通过联合起来的力量,发挥组织起来的优势,以得到单家独户而无法得到的利益。从全国各地农民专业合作社的发展情况看,目前,已基本覆

盖了水果、蔬菜、水产、茶叶、粮食、畜禽、农机、信息、物流等各个产业和具有优势的特色农业行业。

这些专业合作社成功运作的实践表明,成员入社后享受到了购销和技术服务中的实惠,节约了生产成本,解决了生产、经营过程中的后顾之忧;提高了农产品在市场竞争中的要价能力,劳动价值得到提升;专业合作社各种有效的增收节支措施使成员的收入增加,成员生产、生活条件和生活质量有了明显提高。

农民专业合作社涉及农业生产的各个领域。它引导农民实现集约化生产、规模化经营,使个体能人变为能人群体,增强了带动能力,使他们成为推动新农村建设的一支劲旅。

(二)农民专业合作社是解决当前农村难点问题的有效载体

从实际情况看,当前农村工作有"两难":一是结构调整难;二是农民增收难。要解决这两个问题,仅靠行政管理是远远不够的,必须从市场经济的需要出发,发展农民专业合作社。而发展农民专业合作社,实际上就是要培育一种新的市场主体,形成一种新的市场运行机制,开辟一条增加农民收入和帮助农民致富的新途径。

多年的事实证明,种什么问政府,怎么种问政府,卖难还要问政府,这样,市场经济的主体就成了政府,结果带来许多负面的影响。这方面的教训很多。尽管由于长期受计划经济的影响,一时还难以改变农民过分依赖政府的状况,但必须明确,农村市场经济的主体是农民,要通过合作社引导和组织农民进入市场。抓住了这一点,农村中的难点问题解决起来就容易多了。

(三)农民专业合作社在提高农民组织化程度中的居重要地位

随着农村经济结构战略性调整的深入,农民如何进入市场,已成为迫在眉睫的重要问题。特别是加入世界贸易组织后,对于农民来说,市场风险高于自然和政策风险。国内外的经验都说明,解决市场风险最根本性的措施就是加快农民专业合作社的发展。其理由:

一是农民进入市场的需要。要引导和带领农民进入市场,帮助他们减少或化解市场风险。

二是在市场竞争中提高谈判地位的需要。在国际农产品贸易纠纷中,要求损害调查和反倾销调查的,都要由农民自己的组织提出。

三是对农业支持和补贴的需要。加入世界贸易组织后,政府对农业的直接补贴受到许多限制,发达国家的惯例是通过支持农民的合作组织来实现对农民的补贴。

通过农民专业合作社把一家一户分散经营的农民组织起来，使他们既有通过调整结构获得产业上的优势，又有通过参加农民专业合作社获得组织起来的优势，这样可以大大提高农民进入市场参与竞争的能力，政府的职能才能转变到位。否则，农民没有经济组织，政府就不得不干许多不该干的事或不得不干许多吃力不讨好的事。

(四)农民专业合作社是农业产业化经营中的重要纽带

加入世界贸易组织以后，产业化经营是农业进一步发展的必由之路。产业化的核心是形成利益共同体，而解决利益共同体问题，仅由企业面对千家万户的农民难度很大，必然要有合作经济这么一个组织载体。只有农民专业合作社参与其中，龙头企业才可以大大减少与广大农户的交易成本，广大农户就可以大大消除与企业交易过程中信息不对称带来的问题。农民专业合作社发展的重要目标是实现产业化经营，只有实现产业化经营，农民专业合作社才能在激烈的市场竞争中占有一席之地。

(五)农民专业合作社是推动农业科技成果转化的重要抓手

农业的出路，最终还得靠科技来解决，而科技含量低，科技成果转化难，又正是制约我国农业发展的重要因素。由于农业发展自然环境差，相对效益低，投入周期长，国家资金、人才、技术、投入不足，农户力量薄弱而分散，承担不起科技吸收与成果转化的实力。农民专业合作社能把农民组织起来，具备承担科技成果转化的条件和实力，能够较好地通过合作社的组织领导和致富技术的示范，引进推广农业新技术、新品种、新成果，广大农户看得见、摸得着，农民专业合作社组织规模越大，这种科技推广的传播就越多，受益农户就越多。

二、农民专业合作社在新农村建设中的作用

合作社来自农村，它不但是农民的一个创举，而且更是农业生产经营体制中的一个创新。农民专业合作社作为一个直接服务农业、农村和农民的合作经济组织，是党和政府引导农民发展农业生产，搞活农村市场流通，促进农民增收的重要依托力量。国家"十一五"规划在第三部分建设社会主义新农村中提出，要深化农村流通体制改革，积极开拓农村市场，鼓励和引导农民发展各类专业合作经济组织，提高农民的组织化程度。这无疑是对农民专业合作社在新农村建设中提出的新要求。因此，建设新农村，合作社责无旁贷，其作用显得十分重要。

(一)作业同步，提升了农村的民主管理水平

多年的实践表明，在成立了合作社的地方，各个农户出于提高自身收入

的需要，接受了合作社的组织协调。如为使各户的产品能联合批量销售打进超市或国际市场，合作社对各户生产的品种、耕作技术、采用的农药、收获产品的时间及产品规格等提出统一要求，这样就在发挥家庭积极性的同时，实现了产中的协调，为产后合作打好了基础。与此同时，各地农民专业合作社始终坚持"民办、民管、民受益"和"入社自愿、退社自由"的原则，体现了"民主自治"和"公正、公平、公开"的特性。成员的行为受《章程》的规范和制约，而《章程》又是由全体成员大会民主讨论而产生的，因而具有亲和力和操作性强的特点。《章程》作为准则把每个成员的行为规范、既得利益、权利职责义务紧密地联系在一起，提高了农民的组织化程度和生产经营管理水平，体现了推进新农村建设对民主管理的要求。每个农民专业合作社从成立之日起，均制定有合作社章程、理事会和监事会职责、成员代表大会职责，以及培训、财务管理、分配等规章制度，对规范成员行为、实行民主集体管理起到了积极作用。这些新机制的健全和完善，为新农村建设提供了智力保障，成为新农村建设的重要推动力量。

(二)能力互补，提高了农民的科技文化素质

农民专业合作社在开展服务中可以发挥成员各自的专长，实现成员之间的能力互补，收到分工协作的效果。合作社内部的协作范围远远大于家庭内部的协作，因而能够提高该范围内的社会生产率。合作社内部有时也组织成员之间在耕作、收获等环节的换工互助，使农业生产之间的剩余劳动资源减少流失，减少家庭雇工费用支出。提高成员的科技文化知识是合作社为成员提供服务的主要职能和目标之一，合作社在日常的培训工作中，除培训先进的科技实用技术内容外，还涉及党和国家对农村的方针政策、文化教育、精神文明建设等。其培训形式的时效性、多样性、灵活性易被农民所接受，因此，已逐渐成为创新农村科技文化生活的载体和手段，满足了农民多层次、多方位的科学文化和精神文化需求。

农民科技文化素质的提高和农村新风尚的形成，焕发了农民投身农业产业的热情，他们相互提供生产经营技术和经验，培育了民主法制、公平正义、诚信友爱、充满活力、和谐相处的社会环境；农民想事谋事，乡风文明的思想和精神面貌发生了显著变化，为建设新农村提供了强大的精神动力。实践表明，在社会主义新农村建设中，农民专业合作社成为先进思想文化占领农村阵地、传播文明风尚的原动力。它满足了农民群众多层次、多方位科学文化和精神文化需求。农民科技文化素质的提高和农村新风尚的形成，也激发了农民群众投身农业产业化的热情。

(三)传递技术，增强了产业的科技创新能力

在政府及职能部门的扶持下，农民专业合作社有能力聘请专家做技术、市场、政策顾问，把最先进的科学技术、管理方法吸引到合作社中来，就像海绵吸水一样，把新的实用技术源源不断地吸纳进来并传播出去，成员能够从合作社得到最好的技术、最新的品种。合作社"民管"的民主性、主动性，使创新思维灵活、宽广，步伐和力度加大，有利于农业实用技术在生产中创新和推广应用，有利于强化农民在创新中的地位，有利于推进新农村建设的伟大事业。与此同时，为维护共同的经济利益，农民之间会通过各种办法制约不讲信用的个别人，从而强化和树立农民的群体诚信，形成农户的自我治理机制。在农民专业合作社的潜移默化中，诚信就成为一种公共的价值、公共的道德意识，将不断提高农民自身的素质。

(四)信息集合，完善了组织的供销网络

农民专业合作社利用自身优势收集到的信息如产品、产地、生产者等大都是具体的，货物的品种、规格、数量都是确定的，特别是一些合作社设立专业网站和网页，用信息技术处理、交流信息，大大提高了信息化的综合利用能力和效率。还可以最大限度地发挥在农村和国内市场的购销网点多、面广、线长的优势，通过业态创新，实现农产品和农业投入品的"双向流通"：一方面把安全、放心、时令的农产品送到城市；另一方面又把质优价廉的农业投入品、城市资金及相关要素集约后送到农民群众手中，从而彻底改变传统的交易方式，提高服务和管理水平，使合作社成为商品(农业投入品、农产品)的集散中心、价格形成中心和信息发布中心，方便农民群众，促进生产管理、经济发展和新农村建设。

(五)规模集成，化解了农民的市场经营风险

农民专业合作社能够达到小品种、大批量的效果，这是合作社最主要的功能。

多年的实践表明，在市场竞争中，农民最担心的是品种不优，最发愁的是技术不过关，最害怕的是生产的产品卖不出去。这些问题实际上反映的是小生产和大市场、小经营和大市场的矛盾，希望得到产前、产中、产后的各项服务，使自己生产的产品在品种、质量、价格上有竞争优势，已成为广大农民最迫切需要解决的问题。现在，千家万户进市场的问题，不是个体经营规模问题，而是产品的批量规模问题。提高农民的组织化程度，把农民组织起来就有了规模。实行农产品的规模经营和深加工是农业实现市场化、规模化的关键。农民专业合作社充分利用各种资源要素集聚的优势，加强合作与

技术集成创新，大力发展农产品精、深加工，延伸产业链条，增强农产品的附加值，提高农产品的市场占有率，从而更加有效地促进农村经济发展和农民收入的增加，带动了新农村建设，并将分散的农户组织起来共同进入市场，降低了交易成本，提高了在贸易中的谈判地位，在一定程度和一定范围内解决了农民"买难"、"卖难"的后顾之忧。

(六)智慧共享，搭建了产业的集群组合平台

农户之间个人经营管理能力的差别，是造成贫富差别的关键因素。农民专业合作社的牵头人大多是经营能手，他们的点子多、能力强，往往能够把这些点子变成各个成员的共同行为，这就把成员的群体经营管理能力提高到新的水平上来。同时，可以在龙头企业和农民之间架起一座桥梁，形成"龙头企业+合作社+农户"的经营模式，既保证了龙头企业所需产品的数量和质量，也成了农民经济利益的代表。农民专业合作社也可以兴办龙头企业，直接成为农业产业化经营的组织载体。农民专业合作社的发展，有利于农业结构调整，它以产品为纽带将农民分散的生产组织起来，整合、优化生产要素的配置；有利于提高农业生产规模化和专业化水平；有利于当地优势产品和特色产业的发展，加速农民增收致富奔小康的进程，从而促进社会主义新农村建设。

(七)产业开发，提高了组织的综合生产能力

在产业结构调整中，新产业的开发，从市场调查、品种引进、生产技术辅导到产品的整理和包装，对单个农户来说往往是无能为力的，而农民专业合作社有能力组织市场调查，搞新品种试验示范，开展技术辅导和组织产品整理，在较短的时间成批完成产业开发，形成生产能力。

从近年来各地发展的情况看，农民专业合作社充分发挥了点多、面广、线长的优势，通过"双向流通"，彻底改变了传统的交易方式，在政府及职能部门的扶持下，逐步健全和完善了各种规章及管理制度，建立了信息网络服务平台，对国家政策、先进技术和市场信息接受量加大，接收能力显著提高，与国内甚至国际化大市场联结的自我服务机制也在不断创新和发展完善。农民生产由单一的个体经济转向了整体的组织化经济，在市场竞争中的地位由被动转向了主动，调控手段和能力增强，社会化生产、生活服务功能日趋完善。

三、发展农民专业合作社的现实意义

当前我国正处于社会主义新农村建设的新的历史时期。党的十六大以来，党中央和国务院将解决"三农"问题作为各项工作的重中之重。先后明确提出要尊重农户的市场主体地位，推动农村经营体制创新，提高农民进入市场的组织化程度和农村综合效益，鼓励和引导农民发展各类专业合作社，提高农业的组织化程度。党和政府制定的一系列宏观政策和发展思路，为大力发展我国农民专业合作社事业指明了正确方向。

组织起来，走向合作，提高农民进入市场的组织化程度是当今农业发展的必然趋势之一。在借鉴国外成功经验的基础上，广大农民通过大胆创新和积极实践，已经找到了初步答案。这就是在不改变家庭联产承包责任制，不削弱农民独立自主的经营地位，不影响农民生产积极性的前提下，农民自愿联合起来，遵循合作制原则，成立各种合作经济组织。第十届全国人大把《农民专业合作经济组织法》列入"十五"立法计划，相当一部分地方党委和政府也明确将发展农民专业合作经济组织作为解决"三农"问题的重要措施。这些都在鼓励、支持和推进着农民专业合作社的健康快速发展。

随着我国社会主义市场经济体制的建立和不断完善，各类合作经济组织在全国各地犹如雨后春笋不断涌现。各地合作经济组织发展的实践证明，现阶段，我国大力发展农民专业合作社有着迫切和深远的现实意义。

(一)发展农民专业合作社是社会主义市场经济发展的客观要求

党的十一届三中全会以来，首先在我国农村掀起了改革浪潮，长达20多年的人民公社经营体制，被以家庭联产承包经营为基础、统分结合的双层经营体制所取代。这一重大改革有效地激发了广大农民的生产积极性，解放了农村生产力，促进了农村经济的发展。但随着改革的深入和市场经济的发展，我国农业基础薄弱，组织化程度低下，农业的"小、弱、散"，缺乏市场竞争力，千家万户的小生产难以适应千变万化的大市场，严重制约着我国农村经济的发展。这些日益突出的矛盾从客观上迫使农民自愿合作和联合起来，建立真正属于自己的合作经济组织，使分散弱小的农户联合起来成为较强大的市场主体，把千家万户的农民与千变万化的市场密切联系起来，共同参与市场竞争，共同分享社会化服务，提高自身经济地位，维护自身合法权益。

农民专业合作社是农民在家庭承包经营基础上经过探索和实践自愿联合的合作经济组织。我国市场取向的农村改革，促进了家庭联产承包责任制的诞生。农村市场经济的发展，又促进农民在稳定家庭联产承包责任制基础上发展新型合作经济组织。这是在市场机制驱动下不可逆转的发展趋势，是社会主义市场经济发展的客观要求，是推进社会主义新农村建设的重要举措。目前，农民专业合作社在全国各地农村已经得到广泛发展，按照农业部农村经济体制与经营管理司的统计，到 2007 年底，全国的农民专业合作社已超过 15 万个。

(二)发展农民专业合作社是提高农民进入市场组织化程度的客观需要

组织化程度的高低决定着农民在市场中的地位。农村发展慢，农民增收难，与传统体制下农村形成的落后生产方式密切相关。主要表现在：千家万户的小生产无法适应千变万化的大市场，一家一户的小农经济无法适应竞争激烈的市场经济。

如何把千千万万分散的农户组织起来，使之成为真正的市场竞争的主体，是在社会主义市场经济条件下农村经济社会发展所必须面对的重大课题。实践证明，发展农民专业合作社不仅能有效地克服原有生产方式所带来的弊端，还能有效地解决基层组织"统"不了、政府部门"包"不了、单家独户"办"不了的事情，在农户、企业、市场与政府之间搭建起桥梁和纽带。通过发展农民专业合作社可以有效解决农业生产、加工、流通相互脱节的矛盾，加强农民与龙头企业的利益联结，提高农民进入市场的组织化程度，促进农村经济发展。

(三)发展农民专业合作社是增加农民收入的现实途径

"三农"问题的核心是农民问题，农民问题的核心是增收问题。增加农民收入是农村工作的出发点和落脚点。农民专业合作社是农民自己的经济组织，对外以获得利润为目的，对内以为成员服务为宗旨，通过建立利益联结机制，将农产品加工和销售增值部分的利润返还给成员，使农民获得生产环节的利润，有效增加农民的收入。农民通过农民专业合作社，了解市场信息，掌握市场需求，降低进入市场的成本，最大限度地化解市场风险，减少因信息不灵、流通不畅造成的经济损失。农民专业合作社的发展，密切了农民与龙头企业的联系，通过为农户提供多种社会化服务，增加了农业的后续效益，为农民增收开辟了广阔的空间。

(四)发展农民专业合作社是增强农村经济活力的重要手段

农民专业合作社是农村经济发展的新型主力军。农民专业合作社通过全程服务，引导农户走向市场，能架起农户与龙头企业之间的桥梁，延长产业链条，实现产销一体化，有效推进农业产业化经营。以技术能人和专业大户为骨干，引进、示范和推广新品种、新技术、新工艺，让农户自觉地按统一技术要求进行生产，有针对性地开展技术培训，能解决一家一户难以解决的技术难题，促进农业科技进步。同时，通过发展农民专业合作社，形成农业标准化、专业化、规模化的生产格局，转变农业增长方式，提升农产品品牌和市场竞争力，从而提高农业的综合经济效益。

(五)发展农民专业合作社是统筹城乡发展的必然选择

统筹城乡协调发展是解决"三农"问题的战略举措，是新时期我党指导城乡关系的基本方针。发展农民专业合作社是联结农村与城市的重要纽带，通过产业联动能促进城乡经济相融，推动资源要素在产业之间、城乡之间的合理流动与配置，实现城乡产业对接，强化农业与工业、商业、金融、科技等不同领域相互融合，形成合理的产业布局，促进城乡经济协调发展。

通过构建新型的城乡关系，有利于农村与城市的交融，推进城乡一体化，实现城市与农村社会的相互促进和发展，促进农村生产发展，生活宽裕，村容整洁，乡风文明，管理民主，推动社会主义新农村建设的顺利实现。

(六)发展农民专业合作社是建设社会主义新农村的必由之路

一是从经济的规模性和外部性看。合作经济是单个生产者在其生产、生产资料购买、农产品销售和筹集资金过程中，利用规模经济的一种组织方式。无论农业经济、社区经济，都存在着某种规模经济和外部经济。人民公社体制被家庭承包制替代后，社区性农民组织仍然是必要的。首先是由于在农业生产、农产品销售、生产资料购买、融资和技术服务等一系列环节都存在着规模经济。为了降低以一家一户生产单位这种生产模式的成本，需要一个合作经济组织。其次，在经济活动之外，农村社区还有许多共同的社会性事务，需要某种形式的社区组织来协调。农民合作无处不在、无时不有，是永恒的主题。虽然农村实行家庭联产承包责任制后，农民成为原子化的农民，但在农村家庭内部、邻里之间、社区内部，在红白喜事、农忙生产期间，农民都存在合作。

二是从社会资本理论角度看。在相继强调物质资本、人力资本、知识资本之后，一些经济学家现在又把"社会资本"加到增长的源泉中。当社会相互交往产生外部效应和促进为获取市场之外的共同利益而采取集体行动时，社会资本就会产生经济收益。信任、互惠、人际网络、合作和协调可以被看做是调节人们的交往和产生外部性的"民间社会资本"。社会资本理论强调人们合作的重要性，认为良好的人际关系和合作可以把"公地悲剧"变为"公地繁荣"，使个人理性与社会理性、个人利益与社会利益有机地统一起来。传统发展经济学对政府和市场作用问题长期争论不休，新古典主义者重视市场作用而指责政府干预的失败，结构主义者重视政府的作用而指责市场的失败。如果把社会资本考虑进来的话，调节经济的就不仅仅是政府和市场，而且还有社区或公民协会等中间组织。如果一个社会具有繁荣的社区和公民组织，人际关系和谐，诚实可信，那么，很多所谓的政府失败和市场失败就不会出现。因此把社会资本理论融合到发展经济学的分析中，我们就能打破市场和国家两分法的传统分析框架，进入国家、社区和市场三位一体的新的分析框架。

三是从博弈论的角度看。博弈论是西方经济学中的一个重要分支，它研究自然人或法人的选择与其他自然人或法人的选择发生相互影响时的决策选择与决策均衡问题。"囚徒困境"在经济生活中是一种常见现象，其得出的结论是：利他所得到的好处往往要比追逐自利的结果好得多，恶性竞争只能是两败俱伤，"经济人"在交换中遵循某些合作规则要比不合作更有利。比如，"世界贸易组织"、"石油输出国组织"等都是基于合作要求而作出的组织安排，并且也确实在减少恶性竞争、保护成员利益上很有成效。

四是从人文主义角度看。有人类社会以来，人就是以群体形式生活的。人们在社会生活中有两种存在形态：合作和冲突。事实上，合作是常态，冲突才是非常态。合作是人的一种本能，只要有合作的需求，就可以创造出不同的合作形式。合作社文化的基础是人文主义，合作社文化的核心是集体主义。合作社以人为本，组织合作社的目的就是要帮助成员满足其经济和社会的需求。过去农民之间的合作是非组织性的合作，随着经济的发展，农民的生产生活、社会交往已经被卷入市场和社会，现在的农民已经成为社会化的小农。因此，现代农民更加需要合作。

五是从组织权的回归看。组织权是指民众在创造社会财富的经济活动过程中，为了自身人力资本的最大效率和有效维护自身权益而具有的自由结合的权利。这种结合权可以在社会生产和再生产的各个环节中实现。目前民众组织权缺失的表现是：在体制改革过程中，很多民众可以自己组织解决的问题，国家机构还是习惯性地用行政指令的办法解决。因此支持和鼓励民众在社会主义制度原则的前提下组织起来，解决自己生产、生活中的各种困难，实现合理的个人利益，是体制改革深化的必要条件，如民众自办的合作银行，农民自办生产、交换、分配、消费的合作社。在国家权利之外，构建一个全方位的民众自治组织网络，这应该是民众组织权回归的标志。

六是从体制创新的角度看。我国农村自1978年开始的以家庭联产承包责任制为核心的农业经营体制的改革，已被世界公认为组织创新的典范，被誉为中国农业改革发展的第一次飞跃。然而，家庭承包制并不是中国农村经营体制改革的终结，而仅仅是个开始。千家万户农民怎样适应大市场的千变万化，是社会主义市场经济条件下农村生产经营中出现的一个新的重大问题。与世界农业发达国家的农业经营模式比较，可以看出我国农业的困境不在于家庭经营本身，而在于合作组织体系的缺乏和合作组织发展的滞后。在市场经济条件下，农业生产者不仅要掌握准确、全面、及时的市场信息，还必须有一种机制和组织体系来使农民有效地利用实用技术，通过制度变迁探寻生产者以低廉的成本、快捷的方式实现与市场对接的途径。

七是从国际经验来看。合作社的发展已经走过了150多年的历史，现已遍布世界160多个国家和地区。国外农户与市场的接轨大都采用了合作组织的形式，日本几乎全部，美国、法国80%以上，德国70%以上农业生产者加入了各类农业合作社。美国1/3农产品、法国2/3谷物和猪肉、荷兰90%牛奶、丹麦90%左右猪肉和牛奶都是通过合作社销售的。根据国际合作社联盟提出的新定义和新标准，合作社遵循七条基本原则，这七个原则是国际合作社在长期发展过程中总结出来的经典原则，无疑为我们开展农民专业合作社规范化建设提供了宝贵的经验。

发展农民专业合作社，是解决"小农户"与"大市场"矛盾的重要途径，是提升家庭联产承包水平的有效途径，也是发展现代农业的必然要求。目前，从合作经济发展实践看，合作组织产生和发展的条件已经基本具备。主要体现在：

一是随着市场机制配置资源体制的确立，资本、土地、劳动力、技术等生产要素的市场相应出现，各种生产要素可以进入市场、自由流动，为人们选择合作组织这种生产要素的组合形式提供了前提条件。

二是家庭联产承包责任制的推行，为合作组织的产生和发展提供了微观的经营组织基础。

三是中央提出"两个趋向"的重要论断，国家将逐步从法律、经济等政策上反哺农业，这为我国合作组织的建立与发展创造了必要的政策环境。

四是随着区域经济商品化、专业化分工程度的提高，农民有组织、合作起来的意愿，更易于在与其他经济组织的竞争中创建自己的合作组织，为成员提供社会化服务。

第三章 不同国家(地区)农业合作社的发展与借鉴

第一节 发达国家农业合作社的现状及发展趋势

一、发达国家农业合作社的发展历程

根据发达国家农业合作社政策的发展轨迹,可将农业合作社大致分为四个阶段:早期自由资本主义时期的合作社、国家干预阶段的合作社、国家参与阶段的合作社和国家调控阶段的合作社。

(一)早期自由资本主义时期的合作社(1810—1929 年)

历史上最早的合作社是美国在 1810 年康涅狄格州建立的一个乳品合作社。当时在工业革命中新兴的一批大城市为农产品开拓了日益广大的市场,不断繁荣的农产品加工、运输、销售活动中,私营组织发展很快。但由于它们纯粹以盈利为目的,对农场主剥削严重。在没有这类私营服务组织的地区,每个农场主不仅要从事生产,还要独自承担销售、加工和运输。于是,无论在有还是没有私营服务组织的地区,农场主们都开始尝试建立自我服务的合作组织。到 1850 年左右,其他发达资本主义国家也相继出现了合作社,如英国 1844 年罗虚代尔组建的"消费合作社"(该合作社已成为资本主义国家中一个合作社的典型),德国 1864 年的"信贷联社"等。全世界范围的普及则大概是在 19 世纪末和 20 世纪初期。如丹麦 1882 年创设了赫定奶油产销合作社、1887 年成立了猪肉产销合作社、1879 年成立了马匹繁殖合作社、1898 年成立了畜牛出口合作社等。

19 世纪 70 年代,资本主义国家经历了一场以采用农业机械为标志的农业革命。但农产品生产过剩造成从 1867 年开始的农业危机,农产品价格大幅度下跌,农场主陷入困境。同时,铁路公司和中间商却趁火打劫,竭力提高运费和压低农产品收购价格。于是,在美国先后出现了两个保护农场主利益的社团——"格兰其"(1867 年成立)和"农场主联盟"(1875 年成立)。

在它们的支持下农场主们纷纷成立合作社。

各国产生合作社的原因大致相同：资本主义商品生产的发展，促进了合作社思想的产生；经济独立和人身自由的生产者在农村成批地出现，为合作社的形成提供了前提条件；生产专业化和社会化的发展，促进了合作社的产生和发展；中小农场主所受到的各种剥削越来越严重是合作社产生的内因；农业合作社的发展是农业产业化的必然要求。

在合作社初期，因不了解合作社的功能和作用，政府处于观望态度。但当合作社规模越来越大、影响越来越大时，政府担心它会成为一股敌对的力量，因此许多国家一度采取敌视、粗暴干涉的破坏政策，抑制了合作社的发展。以美国为例，19世纪60年代采取的压制政策导致美国合作社30年左右的停滞不前。当农业出现持续的农产品生产过剩后，资本主义经济危机发生了，政府才不得不去除对合作社的压制，放弃敌对态度，采取中立的公共政策，使合作社如雨后春笋般成长。1890年美国全国只有约1000个各类合作社，到1933年已形成全国性网络。

(二)国家干预阶段的合作社(1930—1945年)

1929—1933年的资本主义经济危机使许多农场宣告破产，一些农业合作社也经营不下去了，政府逐渐采纳了凯恩斯主义理论，认识到了合作社对农业经济发展的促进作用，及其弥补政府失灵和市场失灵的作用。在这种情况下，合作社作为农业生产中的一种重要组织方式，开始成为政府执行农业扶持政策的重要载体之一，并且一些国家政府直接为合作社开展经营业务提供便利，甚至指定合作社为某些战略性农产品的销售主体。1926年、1929年美国国会分别通过了"合作社销售法"、"农业销售法案"，建立了联邦农场委员会。该委员会被授权以5亿美元巨资来扶持合作社。这段时间，虽然出现农业衰退，但合作社立法、合作社理论的深化等都大大推动了合作社运动的开展。农业合作社虽然数量减少了，但营业额和社员人数却持续增加，还出现了多层次的合作社联盟。

(三)国家参与阶段的合作社(1945—1980年)

第二次世界大战后，合作社运动有了较大的发展，呈现出若干新特点。合作社组织结构趋于完善，自上而下组成一个体系，形成了三级组织结构模式，即基层合作组织、地区联合社和全国总联盟。合作社组织中的三个层次具有不同的职能，分工明确，微观运行效率高。由此，以传统的自我服务为主的合作社开始转向开放型的以经营服务为主，逐步走向企业化、股份化，转向质量型内涵式的发展轨道时期。对于合作事业，社会各界达成了一个基本的共识,即合作社的发展需要政府的立法和政策支持、保护。国家作为"第一推动力"是不可或缺的,包括合作社立法、合作社教育、提供各种优惠服务及财政援助、传播技术和管理知识等。

(四)国家调控阶段的合作社(1981 年至今)

20 世纪 80 年代后,随着世界经济一体化和贸易自由化的发展,各国的合作社也开始出现变化。合作社集中过程加速,逐步走上集团化的道路,以便扩大生产规模、降低成本。美国"新一代合作社"的公司化趋势使其成为一股强劲的市场竞争力量,甚至全国性的行业协会出现了垄断趋势和向跨国方向发展的趋势。发达国家政府注意到对合作社的优惠政策正在成为某些公司化的合作社逃避税收的借口,开始加强了对合作社的调控和监管力度。因此,美国等西方发达国家政府处于由参与向调控过渡的阶段。日本农协已经成为能够与国会抗衡的压力集团,政府也在试图减弱这一影响,因此,日本政府也处于由参与向调控过渡的阶段。

二、发达国家农业合作社的主要类型

国外农业合作社是伴随农业生产力发展水平的提高和农业生产经营方式的改善而产生和发展的,主要是为农业发展提供生产、流通、金融、科技、信息等服务。虽然各国具体国情不同,合作社的组织形式、运作方式、功能作用也不尽相同,但在提高农民组织化程度,保护农民利益,增加农民收入方面确实发挥了不可替代的作用。例如,在美国,由合作社加工的农产品占到了农产品总量的 80%,合作社提供的化肥、石油占到了 44%,贷款也占到了 40%。在法国,由合作社收购的农产品,牛奶占 50%以上,谷物占 71%;法国食品出口中,通过合作社出口的谷物占 45%,鲜果占 80%,肉类占 35%,家禽占 40%。在日本,市场销售农产品绝大部分是由农协提供,其中米面占 95%,水果占 80%,家禽占 80%,畜产品占 51%,提供生产资料,肥料为 92%,饲料为 40%,农机为 47%,农药为 70%。

合作社在金融、保险及社会服务等领域也占有重要的地位。根据经营规模、组织形式及经营状况等因素,发达国家农业合作社大体可以分三种类型。

(一)以日本为代表的亚洲型

这种类型一般以农户的小规模经营为基础,户均不到 1 公顷耕地,农户聚村而居,所需服务细碎、多样。这类合作组织的经营规模相对较小,服务内容小而全,为社区性、综合性合作组织。如日本农协系统,除开展农业服务外,还有信用、保险、医疗等业务。但因其在全国建立了一个相互依靠、

互为补充的网络组织体系,形成了一个规模庞大的服务组织,因而经营效益十分明显,服务范围广泛而细致。

(二)以澳大利亚为代表的美洲、大洋洲型

这种类型以农户的大规模经营为基础,每个农户的经营规模平均有 100 多公顷耕地,有的达 1000 多公顷。农户居住分散,需要的各种生产服务是大批量的。为适应这种需要,它们的经营规模不断增大,服务内容益发专业,很多已发展成为以某个产品为服务对象的"托拉斯"。如澳大利亚的大米生产者合作社,它由 2200 个农场主组成,管理着 2500 家农场,资产 25 亿澳元,耕地 70 万公顷,每年播种水稻 15 万公顷,每年出口大米 120 万吨,几乎是澳大利亚出口大米的全部。合作社为大米生产者提供系列化服务,确定播种计划,提供所需化肥、农药、种子等生产资料;稻田整地由合作社发射塔发射激光引导铲土平地机平整土地;播种时间由合作社统一安排,用飞机低飞统一撒播;播后各农场在合作社技术员的指导下进行管理;收获后农民直接将谷物运到稻米仓库储存、定级分等,售粮款直接进入农民的银行账户。

(三)以法国为代表的欧洲型

这种类型以农户的中等规模经营为基础,每个农户平均几十公顷耕地,农业生产规模与农户居住的集中程度介于前两类之间。这类合作组织分工较细、种类繁多、数量庞大、服务单一,它们相互配合,共同为农民服务。如法国的奶牛养殖户,要同时加入饲料合作社、牛奶加工合作社、疫病防治合作社、配种合作社、畜牧机械合作社、资金信贷合作社等 5—6 个合作社,以满足生产经营的需要。

三、发达国家农业合作社的主要特点

国际经济全球化过程的推进,各国市场机制的逐步完善,使得农业合作组织参与国际竞争的要求越来越高,在经营方式、管理体制、服务内容等方面逐步走向一致,出现一些共同的特点。归纳起来主要表现在以下几个方面。

(一)地位法制化

由于发达国家合作经济起步早、发展快,因而在法律制定也比较早。欧洲的英国、法国、德国、瑞典、荷兰等国家早在 19 世纪中下半叶就制定了相关法律,美国、加拿大、澳大利亚、日本也在 20 世纪初期相继颁布实施了有关法律,而且法律体系健全,明确了农业合作组织的法律地位和法人资格。政府依法管理农业合作组织,保证了农业合作组织的健康、持续发展。

法国早在 1847 年就颁布了合作社的有关法律,以后又陆续作了修订完

善。对合作社实行准入制度，一般企业只需在当地商会申请即可登记注册，而成立合作社须先向政府申报，阐明社员构成、社区与业务范围等，由政府经过调查核准后通知商会予以注册。

日本政府 1900 年出台了《产业组合法》，第二次世界大战后的 1947 年制定实施的《农业协同组合法》，到现在已修改了 30 次。除《农业协同组合法》外，还有《农渔业协同组合再建整备法》、《农林渔业组合联合会整备促进法》、《农协合并助成法》等十几部相配套的法律。

(二)组织机构体系化

各国基层农业合作组织都是自负盈亏、利益共享、风险共担的独立法人，但通过入股的方式逐级向上建立相应的联合会，使之在全国自成体系。

在德国，基层农业合作社组成地区农业合作社联社，各地区联社再组成全国农业合作总社；基层信用合作社组成州信用联社，各州信用联社再组成全国合作银行；基层手工业和商业合作社组成州手工业行业联合会，各州手工业行业联合会再组成全国工业、供销合作总社；全国农业生产总社、全国合作银行、全国工业、全国供销合作总社再联合组建成立全国合作社联盟，最终这就形成了一个完整的农业合作社组织体系。

(三)种类多样化

目前，从经营范围的角度看，合作社可以划分为两大类：一是综合农业合作社，如日本的基层农协，为农民生产、生活需要提供各种服务。二是专业合作社，专门从事某一项作物或产品的生产和经营，如花卉合作社、蔬菜合作社、水果合作社等。

美国农业合作社分类更为细致：按地域范围划分为基层合作社、中层合作社、地区合作社、全国性合作社、跨国合作社五种；按管理机制划分为核心型合作社、联合性合作社、混合型合作社三种；按服务功能划分为销售合作社、采购合作社、服务合作社三种。

(四)农户加入全面化

在发达国家，无论是日本的小规模农户还是美国的大规模家庭农场，都是一个或多个合作社的社员。日本农协实现了两个 100%，即 100%的农户参加农协，100%的农产品通过农协销售，而且有的农户是分别以丈夫、妻子、儿子、儿媳的个人身份加入农协，以至出现农协会员人数多于农户数量的现象。在法国，除个别大农场自办加工、销售企业进行自我服务外，90%以上的农户都加入了合作社。德国参加信用、加工和农业服务等合作社的社员达 1110 万人，相当于整个农业人口的 4 倍。

(五)服务系列化

农业生产、农户生活所需的多样性要求,使得为农民服务的合作社的业务也向着系列化发展。这种系列化服务有三种类型:

一是日本综合农协式的系列化,不仅为生产、流通服务,而且提供农业咨询、信用、医疗、保险、文化、社会福利等服务。

二是较大规模的专业合作社,围绕某种农产品,以流通领域合作社为主要形式,为社员提供产前、产中、产后的系列化服务,组合成生产、加工、销售、开发一体化的产业链。

三是种类繁多而服务单一的多个合作社,共同为农民开展系列化服务,如农产品加工合作社、销售合作社、生产资料供应合作社、技术服务合作社等等,它们之间相互配合,取长补短,为农户开展系列化服务。

(六)管理民主化

民主管理是发达国家农业合作社成功的关键,也是必须遵循的基本原则。主要表现在五个方面:

一是自愿加入、自由退出。农民有选择加入这个合作社,退出那个合作社的充分自由,任何组织和个人不得干涉。

二是一人一票,人人平等。合作社领导人的选举和重大事项的决定必须经过社员大会或代表大会表决通过,且表决时每位社员有同等的权利,不因入股多少而不同。

三是合作社领导人决策失误,要负经济连带责任。法国有些合作社对领导人实行末位淘汰制。

四是盈利分配留一定比例的公积金、公益金(或教育基金)后,剩余部分按股分红外,还要按社员与合作社交易量的多少进行分配。

五是监督机制健全。合作社的经营管理情况除受到监事会监督外,每年还要将工作总结、决算报告等重大情况向所有社员通报,接受监督。另外,政府主管部门和合作社系统内部每年还要进行审计监督。

(七)规模扩大化

随着市场竞争的日益激烈,较小规模的合作社的市场竞争力不断下降,合作社合并的浪潮日盛一日。

这一点在日本表现得尤为突出。1960 年日本共有农协 1.2 万个,最终合并为 550 个左右。

法国则是合作社打破地域限制,跨区域整合的趋势不断加剧。近几年整个法国合作社数量约减少 700 多个,单个合作社的规模越来越大。在奶制品合作社中,有 6 个合作社的生产量已占整个法国奶制品合作社联合会总产量的 54%。

(八)市场占有绝对化

农民广泛加入合作社,并接受合作社的物资供应和产品销售服务,使农业合作社经销的农产品和生产资料的市场占有具有绝对优势。

荷兰农民收入的 60%以上是通过合作社取得的,合作社供应的化肥和精饲料市场占有率为 52%,销售的牛奶占 82%、蔬菜占 70%、花卉占 95%、甜菜占 63%、马铃薯达到 100%,农民 90%的信贷资金来自信贷合作社。

法国农业合作组织控制了全国谷物收购量的 75%,葡萄酒、乳制品的市场占有率在 50%以上。

(九)运营机制企业化

合作社在与其他企业的交易和竞争中,一些传统的运营机制有所调整,并逐步走向企业化。

一是合作社所有者(社员)、经营者与生产者三者分离。合作社定期召开社员大会,制定大政方针,民主选举董事会和董事会主席。董事会主席聘任总经理,具体负责经营管理,总经理聘请经营管理人员开展经营活动。

二是对外活动以盈利为目的。合作社在坚持对内(社员)不盈利,留足公共积累和发展基金后实行返还制原则的同时,对外谋求利润最大化,既要把社员的产品卖出去,又要卖个好价钱。

三是组织形式具有灵活性。为适应竞争需要,法国合作社在专业化合作的基础上引入灵活的资本联合形式,采用股份制兴办龙头企业,拓展经营领域,有的还开拓融资、房地产和配送业务。日本《农业协同组合法》明确规定,农协在经营过程中,要参照《商法》运作,防止农协在市场竞争中处于不利地位,为农民争得最大利益。

(十)经营手段现代化

现在,发达国家的农户已经运用计算机进行经营管理,合作社已完全实现管理计算机化。生活消费品、生产资料经营引入了连锁、配送、代理等经营方式,与大型百货公司没有区别。农产品的生产加工实现机械化,牛奶、肉类的生产、加工已经高度自动化。农产品销售在大型批发市场实行竞价拍卖销售,运用现代运输网络快速送达。

荷兰的花卉,在阿姆斯特丹花卉市场上销售后,24 小时送到欧洲各地,48 小时送到世界各地。美国农场主生产的谷物,多数在尚未收获甚至未播种时,就在期货市场上销售掉了,农场主只等着按品种质量要求进行生产,收获后交割就行了。

四、发达国家农业合作社的发展方向

(一)合作社的资本不断集中

随着国内市场国际化的趋势日益明显,市场竞争日益激烈,合作社为了适应这种趋势,有效保护自己合作社及社员的效益,资本集中的速度也不断加快。美国合作社资本集中的程度很高,全美最大的两家合作社——"农业实地社"和"阿格书公司",年销售额分别达到 52.4 亿美元和 41 亿美元,被美国《幸福》杂志分别列为当年全国 100 家最大的综合服务公司的第 7 名和 500 家最大的工业公司的第 96 名。

(二)合作社的经营注重盈利

合作社经营注重盈利也是出于竞争的需要,否则合作社将难以持久生存。随着市场竞争的日趋激烈,合作社也不得不改变传统合作社不以盈利为目的的基本原则,开始追求较高的利润率,这已成为发达国家合作社发展的一种趋向。主要原因:一是优胜劣汰是市场的基本规则,如果合作社不壮大自身的实力,既不利于积聚自身的资本,占领更多的市场份额,又会在竞争对手采取降价措施时失去与之抗衡的能力。二是市场情况瞬息万变,盈亏随时可能发生,合作社的经营者为在竞争中求生存,尽可能追求利润最大化,以求"以丰补歉"。三是多元化资本进入现代合作社,有的资本是私人资本,追求利润最大化是其主要目的。

(三)政府对合作社的扶持逐渐加大

许多国家政府越来越明显地感觉到,合作社对于调节社会矛盾,稳定农民的生产和生活,以至于稳定国家的经济、政治、社会都具有十分重要的作用。因此,各国政府都加大了对合作社的扶持力度。在法律上制定了有利于合作社发展的规则,保护合作社的合法权益不受侵犯;在税收上对合作社的经营和合作社社员的收入普遍给予特殊的低税、减税或免税优惠;在金融上允许合作社兴办合作社银行,从事信用、保险业务,用其收入补充合作社技术指导活动经费的不足;在财政上给予多形式的资助,有的补贴事业费,有的对新组建的合作社补贴管理费用,有的拨款给高等院校以培养人才,有的建立政府扶持基金。

(四)合作社管理体制的改革不断深化

随着市场经济的发展和完善,合作社的传统理论也发生了变异。发达国家的许多合作社已开始采用市场型合作社理论,在合作社管理中引入了现代企业管理方式或者社企分开的方式。这些合作社引入资本股份，聘用专家经营管理，社员可以通过其他渠道获得收益，不完全依赖合作社。

五、发达国家农业合作社长盛不衰的启示

通过对现代合作运动的考察不难发现，农民专业合作社在合作运动中的主体地位日益巩固。其最根本的原因在于以下几点。

(一)家庭农场或农户具有合作的需求

现代农业生产的基本组织单位仍然是家庭农场或农户，在单个农户力量有限、生产要素不完备以及市场竞争激烈等因素的共同制约下，农业经营者具有更高、更迫切的合作需要。在农村，合作社成员所生产的农产品大部分通过合作社销售，农业生产资料很大一部分由合作社提供，农民所需资金大部分也由合作社贷给。

以日本为例，1988 年，农民委托农协采购的生产资料占全部生产资料采购总额的 80.9%，而农户委托农协销售的农产品占全部农产品销售总额的比重，1965 年为 79.2%，1975 年为 88.1%，1986 年为 92.1%。

在瑞典，全国约有 75%的农产品是通过合作社销售的，在与农业和食品有关的加工、营销领域中，合作社的市场占有率分别为：奶业 99%，牛肉(屠宰)79%，猪肉 81%，粮食销售 70%，混合饲料和原料 80%，林业 50%。

(二)合作社有利于并促进了农业产业化进程

在专业化水平达到一定程度后，现代经济中的社会分工细化使农业面临着经济运行纵向联系阻隔的可能，只能建立起具体的合作联合组织，才可以将相互关联的经济过程联结起来，这就是农业中的一体化过程。

在现代农业合作社中，以流通领域的合作社居多。这主要是由于流通是农业再生产的两个前提条件——价值补偿和物质替换的保证。在专业分工将农业再生产分割为相互独立的片段经济的过程之后，通过流通过程中的社会服务再将分割开来的农业再生产重新联结起来便具有十分重要的意义。同时，流通合作社可以通过对农产品的加工而将追加价值保留在农业中，从而增加农户和农业的经济力量。从市场制度上来说，流通合作社成为现代合作社运动中农业合作社的主要形式，也是由于农业生产上的区域性所决定的。

(三)合作社的中立性淡化，成为政府发展经济、稳定社会的重要工具

在西方合作社的发展初期，倡导经济自由主义的古典经济学理论占据主导地位，因此大多数国家对合作社的发展实行"无为而治"。而作为自助组织，合作社自身十分强调"政治的中立性"，既不需要政府的帮助也不接受

政府的干涉，并将此作为合作社的一项基本原则。

20 世纪以来，经济环境和政治体制发生了很大的改变。特别是 20 世纪 30 年代西方出现了严重的经济危机和萧条后，以凯恩斯主义为代表的国家干预主义学派在西方经济学中占据统治地位，合作社在经济上和政治上越来越需要政府的支持。因为合作经济对农村经济的促进客观上有利于资本主义发展，各国政府也给予合作社大量的财力资助，甚至直接投资来支持其发展。合作社已普遍成为政府指导及干预农村经济、稳定社会的工具。

第二节　不同国家(地区)农业合作社发展的经验借鉴

一、日本的农协

(一)日本农协的基本情况

日本农协是"日本农业协同组合"的简称，是根据 1947 年颁布的《农业组合法》建立的，是由农户和非农户自愿入股参加的农民自己的组合体。经过 60 多年的发展，已成为一个庞大的、完整的农村合作经济组织体系，形成了自己独有的特色。

1. 组织上的严密性

日本农协采用三级系统的组织体系：中央农协、县级农协和基层农协。每一级农协组织都与本级行政组织相对应，关系密切。

2. 参加的普遍性

全国 100%的农户参加了农协，每个村都有农协的基层组织，基本是一户一个组合员。为了顺应农村城市化的发展趋势，得到社区内所有人的支持，农协在吸收成员时，采用"准会员"制度，根据具体情况吸收非农户以"准会员"的资格加入农协。目前日本有社员总数为 903 万人，其中社员 544 万人，准社员 359 万人。

3. 服务功能的全面性

包括产前、产中、产后以及农民的各项服务。农协所从事的事业从农业技术的指导、培训到农产品的加工、销售、信用、保险等，涉及农户生产和生活的方方面面。

4. 管理上的民主化、规范化

农协采用一人一票制的管理方式，以充分发挥每个组合员的积极性。为确保组合员的主体地位和经济利益，每一个综合农协、联合会甚至农协中的一个部门都有一套章程、规约、规程。对于"准会员"只有参与权，没有选举权和被选举权，并且其利用农协的各种业务设施的总额原则上不得超过社员利用总额的 20%。

日本农协是个半官半民的组织，而不是完全的集体或民办组织。具体说来，就是农协具有二重性：既是农民为保护自身利益而自发建立的群众机构，又是日本政府借以推行农业政策的中介机构。其原因有二：一是日本农户家庭经营规模较小，在生产中为了对抗风险需要组织起来。二是第二次世界大战刚刚结束时，日本农业的形势比较严峻，要让农业合作社自然发展将需要一个极其漫长的过程。因此，政府给予农协以大量的财政支持和政策优惠，并且进行直接干预。在法律制度建设方面，农协自 1947 年改建以来，一直有一个《农业协同组合法》对其发展予以规范。除了政府的支持和干预外，农协自身也十分重视农业科技的普及和农业人才的培养，使得农协制度取得了极大的成功。

(二)日本农协的分类

1. 综合农协和专业农协

从经营范围的角度划分，农协可分为综合农协和专业农协两种。

综合农协是以某一个地区为依托，由一个地区的从事农业生产的人组成的生产合作集体。综合农协对组员的农业经营和日常生活进行指导，实行的业务不是以特定的农业生产部门为对象，而是实行综合性的采购、销售、信用、互助等业务。它的业务几乎包括所有的农业部门，经营范围极广，涉及生产生活的一切领域，满足农户在生产生活上的多方面的需要。这适合农民进行多角度经营的日本的现状。

专业农协是由特定农业生产品种的生产者组成的生产合作集体，包括养蚕、果树、园艺、畜产品、乳产品等专业。主要业务是进行销售和采购。采购所需要的生产资料，销售农产品，并进行业务指导，不兼营信用事业。专业农协只限于某种特定的农业部门或品种，而不限于区域。现在日本全国共有专业农协 4000 多个。在日本农协中，综合农协是主流，专业农协也叫专门农协，其组员也可以参加综合农协。

2. 投资农协和非投资农协

从筹资来源的角度划分，农协可分为投资农协和非投资农协。

投资农协是合作成员拿出投资金，共同承担业务活动的各项责任，共同进行合作业务活动，综合农协即属于投资农协。

非投资农协是参加农协、利用农协设施的成员，不出投资金，其业务活动的经费主要依靠向合作成员征收款和收取手续费。

这两类农协的区别在于投资农协可以实施办理在农协法中规定的所有业务，而非投资农协不可以实施办理储蓄存款和互助业务。

(三)日本农协的主要职能

1. 生产指导

农协对农民的生产指导非常全面，包括生产技术的提高、生产计划的安排制定、种植业结构的调整等，还利用农协自身优势，进行农产品的开发，使组织起来的农民增加经济效益。

2. 农产品销售

在日本，集中销售农产品是农协重要的日常工作。农协销售的农产品包括大米、蔬菜、花卉、水果等。销售的方式有超市销售、批发市场销售和直接销售。

3. 集中采购生产生活资料

农协为减少生产资料流通中的环节、降低成本，根据会员的需要，组织农用生产资料的集中采购，由农协统一与生产厂家订货，再分售给各会员。对加入农协的农民日常生活用品，农协也组织统一购买，可以享受厂价或批发价。通过集中采购，使加入农协的农民得到实惠。

4. 信用合作

日本的法律规定农协可以自办信用事业。日本农协从组建后就抓自己的金融系统，它以独立于商业银行的方式组织农协会员手中的剩余资金开展以农协会员为对象的信贷业务。为保证资金的顺利组织，农协狠抓资金的投放和信誉，坚持服务的宗旨，保证用在农业生产和农民生活两大领域，确保信用工作真正成为为会员办事的金融组织。

5. 共济和社会福利

日本的农业虽相对比较发达，但在国民经济中也显软弱，极易受到市场和自然条件的制约。所以，日本农协建立了风险基金制度，号召会员发展互助协作精神，共同解决面临的问题，并确保农民由于意外灾害或事故遭受损失时能得到一定补偿，提高了农业抵御自然灾害的能力。

目前，全日本基层农协约4000多个，几乎所有的农民都加入了农协组织。因为农协的合理有效运作，轻劳作、反季节、优品种、高收入成了现代日本农业的典型特征。

二、德国的农业合作社

(一)德国农业合作社的基本情况

在国际合作运动的发展进程中,德国创立了融资金信贷和农资供销于一社的混合型的农村合作制模式。德国的农村合作制对第二次世界大战后这个国家的经济复兴曾作出了巨大的贡献,现在仍作为农村社会化服务的主体发挥着重要作用。在农产品大市场上,它在激烈的竞争中稳占很高的市场份额,充当着主渠道的角色。从历史渊源而言,德国西部和东部的合作制是悠久和同一的。第二次世界大战后,民主德国和联邦德国的合作制制定了两条根本不同的道路。前者是苏联的集体农庄式的道路,即改变农民主要生产资料所有制,实行统一管理、统一劳动、统一核算、统一分配的农业生产合作制。而后者是不改变农民主要生产资料所有制,实行自主、自助、自治的农业合作社。历史已经证明,前一种农村合作制模式渐渐衰落下去,后一种农村合作制模式则兴盛不衰,显示出强大的生命力。目前,德国几乎所有的农户都参加了不同类型的合作社,一些农户还参加了多个合作社,各合作社成员共230万人。全国现有3250个奶、肉合作社,1400家银行联合会,1000多个专业合作社,750个种植业合作社,德国最大的五家零售公司只面向合作组织进行农产品采购。

(二)德国农业合作社的类型

1. 兼营商品流通的信贷合作社

这类合作社在经营银行业务的同时,兼营农产品和生产资料购销。经营范围主要扩大到采购肥料和饲料,销售社员生产的农产品,特别是粮食和土豆。此外,还出售燃料油、建材、园艺用品以及开展农机维修等。

2. 供销合作社及其中心

在这些合作社中,供应业务的营业额约占80%,销售业务的营业额占20%。

3. 奶制品和牛奶加工合作社

奶制品和牛奶加工合作社负有加工和销售职能。它把农村社员企业生产的牛奶汇集起来,然后加工成饮料奶、奶油、奶酪和其他奶制品。

4. 牲畜和肉类加工合作社

这种合作社的主要任务是,通过组织收购、加工和销售牲畜,促进社员的牲畜饲养业的发展。

5. 果蔬合作社

建立这类合作社,是为了保证生产者,特别是远离市场的水果、蔬菜种植者的产品销售畅通，获得更高的销售额。

6. 葡萄农合作社

这种专业合作社服务于如下目的：把从社员手里收购的葡萄加工成葡萄酒，并把葡萄酒销售出去。成品葡萄酒主要销售给葡萄酒批发商和食品批发商，同时也卖给直接消费者和饮食店。

7. 其他农村加工、服务合作社

如葡萄嫁接、搭架合作社，渔业和鱼加工合作社，鲜花合作社，制粉和制粉业合作社，等等。

(三)德国农业合作社的法律基础

组织法、税收法、竞争法和基本法构成了德国农业合作社的法律基础。

1. 组织法

1867 年，德国合作社取得了自己的第一部合作社法，即《关于购进和经济合作社中私人合法地位法》，后来又经过了多次修改完善。合作社法是一部组织法，它调整合作社的内部结构。

2. 税收法

在原则上，合作社作为法人依其收入多少缴纳法人所得税，依照企业营业收入和营业资金缴纳营业税，依其财产数量缴纳财产税。在一定前提下，某些种类的农业合作社可以免除所得税、营业税和财产税。对农业合作社是否免税的基本依据是有关合作社的职能和业务种类。

3. 竞争法

在德国，适用于合作社的竞争法，不是源于合作社法，因为后者是一部组织法，不以竞争关系的规定为目的。相反，合作社在竞争中作为独立企业而存在，遵守适用于竞争的通法准则，特别是执行反竞争限制的法律。合作社运用反限制竞争法而实行竞争政策，其功能有两个方面：一方面是创造一种竞争力量，另一方面是通过市场而强化竞争。在这里，借助合作社的力量平衡大企业的结构性竞争优势，将有利于中小型企业的发展。

4. 基本法

在德国，合作制的职能和机构存在受宪法这一基本法的保护。许多州基本法都充分表达出或包含着要求促进合作制发展的内容。州基本法都提出保障和扩充合作自助组织。总而言之，德国的基本法把促进合作制作为一项重要使命而确定下来，从而奠定了合作制在这个国家国民经济中重要而不可替代的地位。

三、美国的农业合作社

(一)美国农业合作社的基本情况

美国的农业合作社被界定为实行生产者(劳动者)联合、民主管理和平等合作的集体组织。《卡帕-沃尔斯坦德法》对美国农业合作社的集体性质进行了具体规定:第一,合作社的社员必须是生产者。合作社的经营目的在于满足社员的某种需要,因此与社员的关系必须是互利的。第二,任何社员,不论他的股份多寡,都只能有一票的表决权。没有实行一人一票制的合作社,按股分红时,最大的股东分红比重不得超过合作社股票面值的8%。第三,合作社每年与非社员的交易量不得超过与社员的交易量。由此可见,美国的农业合作社是一种不同于其他私人企业的、劳动者按劳分配、民主管理和平等合作的集体所有制组织。

美国历史上最早的农场主合作社是1810年在康涅狄格州的奶牛农场主组建起来的,目的是加工和销售奶油。但比较成功的要算1841年和1851年分别在威斯康星州和纽约州组成的两个乳业合作社。此后的一段时间是美国农场主合作社发展的全盛时期,合作社的数量急剧增加。到1931年,农场主合作社的数目猛增到22950个,有社员300万之多,营业额达24亿美元。1931年以后,合作社进入了一个漫长的不断调整的时期,其基本趋势是合作社的数量减少,规模扩大,管理水平提高。

进入20世纪,美国的农业成本上升、价格下降,一些农户被迫弃农,农场数量也随之减少,带来了重大的影响。为了解决这些问题,90年代初期,在美国北达科他州和明尼苏达州建立了一种新型合作社,被称之为"新一代合作社"或"增值合作社"。其目的就是通过发展农产品加工,提高农产品的附加值,增加地方收入,而不是把农产品推销到其他地方进行加工。新一代合作社通过向社员出售交货权股票筹集资金。合作社也不再是产品的交换销售场地,它只是向自己的社员收购预定数量的产品。合作社与社员之间通过一个"双向"合同,要求社员向合作社交售一定数量的产品,同时要求合作社收购这些产品。按照合同规定,社员必须向合作社交售自己的产品或从其他地方购买相应的产品来交售以履行合同义务。如果社员不能或不愿完成合同中要求的数量,合作社自行购买所缺数量并将此花费记入该社员的账户中,在年底分红中就可以体现出来。

新一代合作社发展模式,在1990年到1994年的大发展时期,对北达科他州本身就产生了广泛的经济影响,可支配收入提高了11%,人口增加了

4000 人,创造了 3500 个新的就业机会。新一代合作社的社员和资金结构使社员获得了比传统合作社更大的个人所有权和更高的责任感,在增加农户收入的同时,也使合作社实现了其在为农产品提供稳定市场的盈利和高效率的农业产业中发挥了重要的作用。

(二)美国农业合作社的分类

1. 销售合作社

销售合作社的功能是加工和销售棉花、奶产品、水果和蔬菜、谷物和油料作物、牲畜和家禽、干果、大米、糖和其他农产品。在 4006 个农业合作社中,有 2074 个合作社从事农产品的销售,占 51.8%。这些合作社占其市场份额的 31%,其中奶制品占 33%,粮食占 27%,水果蔬菜占 13%。

2. 供应合作社

供应合作社的功能是为农场提供农用化学制品、饲料、肥料、燃油、种子和其他物资。在 4006 个农业合作社中,有 1458 个合作社主要从事农场所需物资的供应,占 36.4%。这些合作社供应的农业生产资料占全国的 29%,其中向农民供应的化肥占 45%,燃料占 42%,饲料占 21%。

3. 服务合作社

服务合作社的功能是经营轧棉机、汽车运输、人工播种、仓储和烘干等业务。在 4006 个农业合作社中,有 474 个合作社提供与营销和采购活动相关的服务,占 11.8%。

(三)美国政府在合作社发展过程中的作用

1. 合作社发展援助

当农民自愿组建一个新的合作社时,美国政府工作人员可以提供发展援助,包括进行可行性研究、培训合作社管理人员,甚至帮助制订和实施经营计划。

2. 技术援助

对已建合作社,当他们遇到具体问题或面临挑战时,政府工作人员可以提供技术援助,包括帮助合作社制定战略性的市场销售计划,以应对新的市场竞争,帮助他们做出至关重要的决策,如是否与其他合作社合并或联合经营,或为合作社成员的原材料转化为有附加值的产品寻找出路等等。总之,政府工作人员能够帮助改进某一合作社的经营结构,提高其运行效率。这项工作通常涉及对新建设施或新产品或新增服务的经济可行性的评价进行分析,虽然这类技术援助是针对某个具体合作社的,但其结果通常会对所有合作社的经营战略有所帮助。

3. 研究活动

政府工作人员通过一些研究活动,包括财务、经营结构、经营管理、政策、成员管理、立法和社会问题以及合作社的其他各项经济活动,提供不断变化的市场和经营趋势方面的研究成果,从而支持合作社的发展。研究活动不仅只针对合作社当前的需要,而且具有前瞻性。

4. 教育和信息

根据美国1926年颁布的"合作社营销法案",政府工作人员有义务提供广泛的合作社培训计划和教材。美国农业部有关于合作社方面的大量资料,通过150多种研究报告、教育出版物和音像制品等方式面向公众。

四、法国的农业合作社

法国是仅次于美国的世界第二大农产品净出口大国和第一大食品加工出口国,但在20世纪70年代前却是一个农产品及食品净进口的国家,从1971年起农产品及食品贸易开始转为顺差。法国农业快速发展的外部条件是欧盟共同农业政策,内部动因则是鼓励、扶持农业合作社发展,不断进行农业生产和经营组织的创新。正如法国农业部官员所说:"今日法国农民的富裕,很大程度上是合作社给他们带来的。"

(一)法国农业合作社的基本情况

法国农业合作社起源于19世纪上半叶。2004年,全国共有农业合作社3500个,社员130万人,90%以上的农民加入了合作社。

法国农业合作社组织体系完善,在各行业和区域性合作社的基础上,设有全国合作社协会。如法国从事葡萄种植和酿酒的农民有12万户,组成870家酒农合作社。全国有酒农协会,该协会是法国农业合作社联盟成员,而该联盟又是法国合作总社的成员。这种严密的组织体系,为争取政府的政策支持,发挥合作社的整体作用提供了可靠保证。

法国农业合作社联盟的前身是1880年法国农业工会为反对贸易垄断而成立的供销联盟。经过100多年的发展,合作经济不断向各个领域延伸,市场占有份额不断扩大,在农产品和食品销售额中,合作社均占50%以上。

目前,全法农业合作社年营业额1650亿欧元,收购额占全国粮油的75%,餐用葡萄酒的60%,鲜奶的47%;羊奶奶酪生产占61%,牛肉生产占38%,猪肉生产占89%,羊肉生产占49%;在法国农产品和食品出口中,合作社占出口谷物的45%,鲜果占80%,家禽占40%。合作社已成为广大农户与全球化大市场联系的桥梁。

(二)法国农业合作社的发展特点

1. 覆盖了农业生产的各个方面

法国农业各类专业合作社形成了科学而严密的农村社会化服务体系,如化验、储存和技术咨询等, 向社员提供产前、产中、产后系列服务。

一是在设备利用和科学服务领域, 根据农业经营的特点和专业化要求, 组建了两种特殊的农业合作社: 共同使用农业机械合作社(CUMA, 简称居马)和人工授精合作社。

二是在加工领域, 法国合作社农产品加工主要分布在七个部门: 牲畜屠宰、奶产品加工、动物饲料、罐头加工、糖业、葡萄酒酿造、蒸馏业。这七个部门的营业额占合作社农产品加工和转化总营业额的94%。

三是在流通领域, 法国 85%的农场主都参加了产前、产后的流通领域合作社, 其中, 烟草、制糖的收购和加工, 合作社占有 100%的市场份额, 苜蓿的收割和脱水占 95%, 种子供应占 70%, 化肥占 65%, 农用药品占 65%, 动物饲料占 50%。

2. 坚持并不断创新合作社的基本原则

法国农业合作社坚持的原则主要有四项: 一是自由加入, 但必须承认合作社的章程, 维护共同利益, 缴纳一定数量的股金; 二是非资本获利原则, 社员不是按股金数量获利, 而是按交易额多少分红; 三是民主管理, 一人一票, 民主平等; 四是排他性, 合作社主要与社员进行交易, 每个社员只与合作社交易, 如果合作社经营困难或确有必要, 可以与非社员交易, 但不能超过合作社经营额的 20%, 否则就会被吊销营业执照, 享受不到政府的政策优惠。

合作社对内坚持合作社原则, 不以盈利为目的, 留足公共积累和发展基金后实行盈余返还原则, 对外则实行公司化经营。一是要谋求利润最大化, 不仅要把社员的产品卖出去, 还要卖个好价钱; 二是要适应市场竞争的需要, 在传统专业化合作基础上引入灵活的资本联合形式, 与私人资本联合, 采取股份制的管理, 兴办企业, 拓展经营领域; 三是通过联合和合并, 进行规模化整合, 扩大经营规模, 提高市场竞争力。

近年来, 法国合作社数量已经由 10 年前的 6500 多个减少到 3500 个, 单个合作社的规模越来越大。如法国兰度费牛斯奶业合作社经过了多次的合并, 现经营范围已涉及 4 个省。在奶制品合作社中, 6 个比较大的合作社的生产量已占整个奶制品合作社联合会生产量的 54%。

3. 专业化合作, 产业化经营

法国除少量农资供应合作社外, 农业合作社主要是单品种农产品的专业合作社。建立在家庭农场之上，在保留私有制和独立经营权的前提下，形成合作社与家庭农场既独立又合作的双层经营结构，以流通领域合作为主要内容，为社员提供产前、产中、产后的系列化服务，组合成生产、加工、销售一体化的产业链，实行农业产业化经营，如粮食合作社、奶制品合作社、肉类合作社等。在产前供应农业生产资料、种子、禽畜良种、饲料以及人工配种等；产后收购、加工、储藏、运输、营销、出口等。同时，在全国范围内同类型的合作社在更高的层次上组成全国性专业化的合作社联合会，并与非合作社的同类农产品龙头企业和工业协会建立紧密联系，优势互补，开展品牌营销与新产品开发等。

4. 开展农业金融、保险业务，提高综合服务能力

法国有家庭信贷合作社、农场主信贷合作社，以及家庭和农场主特点兼有的信贷合作社。合作社农业信贷银行是法国最大的银行之一，由 360 多万名社员在地方组建 2000 多个合作社储蓄所，现有职员 10 万人，下设 7500 个办事处，10105 个服务点，8800 台自动取款机。90%的农场主都是农业信贷银行的客户。该银行每年发放农业信贷 50 亿欧元，其中 20%是政府给农民的贴息贷款。法国农业互助保险合作社有 470 万客户，2155 个工作人员和遍布全法农村的 1.2 万个保险点，是全法农业保险市场的主导力量。

5. 合作社法律健全

一是法制化管理。早在 1847 年就颁布了合作社的有关法律，后来又陆续作了修订完善。从 1962 年始，对农业合作社专门立法，明确规定了合作社建立的条件、合作社的地位、权利和义务等，保障合作社的权益和健康发展。政府对合作社的干预主要通过法律手段进行。合作社也严格依照法律规定拓展自身业务，规范经营行为。

二是建立合作社准入制度。在法国，一般企业仅需在当地商会申请即可予登记，而成立合作社，须首先向政府申报，阐明社员构成、业务范围和社区情况等，由政府经过调查核准后通知商会予以注册。同时，为规避合作社之间的恶性竞争，政府对合作社的布局进行控制。近年来对新申请设立合作社的，原则上要求归并到已成立的业务范围相同或相近的合作社，推进联合与合并，扩大合作社的规模。

6. 政府重视和扶持合作社发展

法国作为农业和农产品加工出口大国，政府始终注意对合作社在金融、税收等政策上的支持。近年来，虽受欧盟共同农业政策的影响，法国政府对合作社的优惠政策略有变化，但对农业合作社的支持力度并未减弱。

首先，在法律上支持。法国 1972 年颁布法令规定，"农业合作社和农业合作社联盟是区别于民营公司和商业公司的专门一类公司,有法人资格并享受充分的权力"。有关合作社的法规制定主要由农业部负责,其他部门参与,如关于合作社的财务法规就由财政部参与,公司法方面的问题就由司法部协调解决。

其次，在税收政策上支持。法国政府规定农业供应和采购合作社以及农产品的生产、加工、贮藏和销售合作社,免缴相当于生产净值 35%—38%的公司税;谷物合作社及其联盟免缴一切登记和印花税;牲畜人工授精和农业物资合作社及其联盟免缴注册税;不动产税和按行业征收的产品税,对合作社免征 50%。虽然多年来受到私人公司的反对,但政府始终坚持对合作社的减免税政策不变。

第三，在信贷政策上支持。法国 1961 年颁布法令规定,农业合作社可设立合作社发展基金,发放基金券;农业机械合作社(居马)成立时,政府给予 2.4 万-3 万法郎的启动费。对于合作社购买的机械,根据类型不同,提供相当于购买额 15%—25%的无偿资助。此外,政府还提供特别中期贷款,对于山区和经济条件较差地区的农业合作社,贷款最长期限为 12 年,年利率 3.45%;对于平原地区,贷款最长期限为 9 年,年利率 4.7%。贷款的优惠利率部分由政府补贴。

五、加拿大的农业合作社

加拿大是合作社发展得最为成功的国家之一。合作社是加拿大农业一个不可缺少的组成部分。从加拿大的经验来看,由农民拥有并控制的合作社,可以应对和解决政府与市场失效问题,健全的内部治理机制对农民合作组织的成功至关重要,政府机构和第三方的支持是合作社发展的重要条件。政府要制定合作组织的法律规定,制定政策和计划帮助农民合作组织成功地开展活动。

(一)合作社具有不可替代的特殊服务价值

合作社是农民为了实现某个特定目的而成立的组织,它一般是自治组织,独立于政府之外,具有明确的法人地位。无论是在历史上还是在现阶段,合作社作为加拿大农业一个不可缺少的组成部分,在促进加拿大农业和食品工业发展、提高农民收入和生活水平等方面起到了非常重要的作用。如萨斯喀彻温省人口 100 万左右,绝大多数人加入了不同类型的合作社。目前,萨斯喀彻温省的合作社数量达到 1306 个,社员数达到 112.2 万,交易额达到

70 亿加元，资产总计 100 亿加元。加拿大合作社之所以备受青睐，关键在于在市场营销、生产资料供应、金融、技术和信息等方面，合作社发挥着不可替代的作用。

1. 提高在农产品营销市场的谈判能力

开拓市场和提高谈判能力是加拿大合作社发展的最重要的原因之一。在 20 世纪初，谷物生产最初在加拿大西部开始时，农户面临将产品向彼此互不竞争的买家们销售的问题。通过成立农民谷物营销合作组织，如 1906 年的谷物种植者谷物公司、1911 年的萨斯喀彻温和阿尔伯特合作组织、1926 年的萨斯喀彻温小麦协会等农户合作组织促使私营的谷物买家之间开展竞争。农民谷物营销合作组织营销谷物的利润作为红利返还给农户，或者是再投资到商业活动中。政府为贷款提供担保，支持农户修建储存、加工谷物所需的设施。通过农民谷物合作营销组织，农民们游说加拿大政府制定法律，成立加拿大小麦局，代表农户安排共同营销谷物。1935 年加拿大小麦局正式成立，一直营销小麦、燕麦和大麦。20 世纪 60—70 年代，加拿大牛奶、禽蛋、黄油、奶酪等产品价格大幅度波动。并引起生产大幅度波动，如何获得稳定的市场销售渠道就显得非常重要。而且，由于加工商的市场地位快速攀升，其定价权迅速扩大，农场主处于受支配的地位。要改变这一局面，必须组织起来满足生产的特殊需求并提高谈判能力。农场主们最初组建了生产者营销局(Producer Marketing Boards)。这一组织成立以后，在提高农场主的市场拓展能力方面起到了显著作用。

到 20 世纪 80 年代，萨斯喀彻温建立了"供应管理系统"。这一系统的建立进一步扩大了市场营销局的权力。该组织可以依据成本进行生产定价，运用关税和配额等手段进行边境保护，给生产者生产配额，根据公平原则向生产者收费建立基金。尽管这一机构的运作在贸易自由化的趋势下受到严峻挑战，但不可否认，农场主们通过集体行动采取的这一方式，确实对稳定农场主的产品价格、收入水平和提高市场拓展与谈判能力起到了非常重要的作用。

2. 以优惠价格提供农业投入品

在历史上，农民在购买农业投入品时面临定价不公问题，销售商可以赚取超额利润。农户通过组织合作社进入农业投入领域，按照合理的市场价格，向参加当地合作社的农户以合理的价格提供农资，如萨斯喀彻温省有 115 个家畜养殖合作社，这些合作社总共有大约 4600 个积极成员，北地家畜合作社(Northland Livestock Cooperative)是其中的一家。该合作社的社员在放牧季节过后，需要通过外购饲料维持再生产，单个养殖者购买饲料时获得稳定的饲料来源比较困难，加入合作社后，社员一般集体行动，以合作社的名义集体寻求饲料供应商并与之谈判，这样，不仅可以稳定饲料来源，而且由于购买批量较大，价格也相对较低。

3. 提供技术、信息和管理服务

合作社是加拿大最重要的为农民提供技术、信息和管理服务的主体，具有非常强的服务能力。由生猪养殖者建立的萨斯喀彻温猪肉局(Saskatchewan Pork Board)每年的预算经费是 190 万加元，其中有 25%用于支持研究与开发，10%用于政策与发展计划方面的开发，7%用于信息交流。萨斯喀彻温大豆种植局(Saskatchewan Pulse Growers Board)1984—2005 年一共收取运转费用 550 万加元，其中 65%用于研究与开发。萨斯喀彻温大豆种植局为提高大豆的研究与开发水平,还投资 300 多万加元在萨斯喀彻温大学建立实验室。

由于合作社本身的技术力量有限,它们一般通过委托研究机构为其完成技术服务工作。萨斯喀彻温猪肉行业的主要技术支持机构——大草原猪中心(Prairie Swine Centre)主要就是依托合作社的支持建立起来的。为提高猪肉生产者适应市场的能力,"萨斯喀彻温猪市场委员会"(Saskatchewan Hog Marketing Commission)2004 年提供 180 万加元给该中心,委托其进行研发和技术推广,标准是社员每销售一头猪,缴纳 0.25 加元的研发费用,由收购商代收。在合作社资助部分确认以后,该中心据此向政府申请配套,配套比为 1∶1。除委托外部机构提供服务外,合作社自己还直接提供技术、信息、政策和管理服务。

4. 提供金融服务

早在 20 世纪 30 年代，由于当时农场主资产实力较弱，从事农业面临着严重的资金制约，2/3 的农村人口生存面临困难。在这种情况下，获得资金支持就成为一个非常重要的问题。这是加拿大合作社当时发展起来的重要原因。如萨斯喀彻温省一共有 343 个信用合作团体为社员提供资金服务。目前，加拿大农场主的资金需求基本上能够得到满足。

作为金融服务需求方，社员在加入合作社后，能够更为便利地获得资金支持。加拿大政府为此出台了这样一个政策：对于合作社的社员，如果因为经营风险导致还不了款，政府财政将为其偿还 25%的贷款。对农场主而言，加入合作社有两个明显的好处：一是合作社的整体经营风险比单个农场主要低，信用水平也明显比单个农场主要高，因此，加入合作社以后获得贷款就容易多了。二是加入合作社以后，由于政府无偿担保 25%的还款，即使自己经营亏损，面临的还款压力也比不加入合作社要小得多。所以，社员加入合作社的主要目的实际上就是两个：一是获得贷款，二是确保稳定的、以较低的价格获得饲料。

5. 为社区提供生活服务

由于像沃尔玛这样的商业机构不愿意进入人口稀少、商机不足、交易成本高的乡村。为获得自己需要的生活用品，农民就组建零售业合作社。目前，萨斯喀彻温的零售合作社有 183 个，成员数达到 27.5 万人。

随着各乡村零售合作社的成功，组建更高层次零售合作社的需求就体现出来了。早在 1928 年，萨斯喀彻温就组建了加拿大西部合作社零售系统(The Cooperative Retailing System in Western Canada)。这些零售商通过他们的中心批发组织——联邦合作社有限公司(Federated Cooperatives Limited)获得低成本的服务。随着合作社系统的发展，合作社的资产实力、业务种类和服务区域也发生了很大变化。1934 年以后，联邦合作社有限公司不仅经营零售业务，还建立了炼油厂，并建立了完整的物流系统。目前，该公司业务范围已经非常广泛，大约有 300 家合作社零售商，社员超过 100 万。

1885—1920 年，是大批移民进入萨斯喀彻温的第一个时期。来到新的土地以后，新移民生活也极不方便，邻里相互照料就显得非常重要。随着这种相互帮扶的制度化，合作社就发展起来。萨斯喀彻温省有 120 多个幼儿看护合作社，社员数达到 8000 个，为农业生产者提供了很好的家庭服务。合作社对于加强居民之间的交流具有很好的作用。萨斯喀彻温省的娱乐合作社已经达到 204 个，社员达到 12 万。虽然这类合作社的营业额并不高，只有 3000 万加元左右，但对乡村来说，这是居民的一个重要活动场所。

(二)合作社的持续发展以健全的内部治理结构为基础

加拿大的合作社具有较强的可持续性。在加拿大，运行 3 年内会失败的私人企业为 60%，运行 5 年内会失败的私人企业为 20%。而合作社成功发展的可能性大大高于企业。加拿大合作社之所以具有旺盛的生命力，关键在于具有健全的内部运行机制。

1. 清晰的产权结构

加拿大合作社的类型多样，既有综合性的，也有专业性的；既有区域性的，也有跨区域的；既有单层次的，也有多层次的。但不管什么类型的合作社，都有一个共同的特征：合作社确实是社员自己所有。社员所有有两个条件：一是合作社的财产包括公共积累等为社员共同所有；二是每个社员的财产权份额是清晰的。在新一代合作社中，由于所需投资额比较大，为吸引更多资本,资产实力较强的社员可以拥有较多的股份,社员之间的财产权存在明显差异。

承担责任是社员分享产权和受益的前提条件。社员在加入合作社时,一般都要先缴纳一定的股金。如 Leroy 生猪合作社一共设 100 股,如果要获得一股,社员就要支付 2 万加元购买股份,否则不能成为社员。加拿大西部合作社零售系统成立于 20 世纪 30 年代,各零售合作分社社员缴纳的股金数虽不同,但一般都在 20—30 加元左右,这在当时是不算少的。Agropur 合作社是加拿大最大的猪肉加工商,目前,要成为该合作社基层社的社员,一般要缴纳 1000—2000 加元。

2. 民主选举与控制机制

社员能否充分表达自己意愿和行使自己的权利,是合作社是否具有凝聚力的关键。通过层层民主选举与控制,加拿大合作社社员能够行使自己的选举权和被选举权,当选者也能充分代表社员的利益。

西部合作社零售系统是加拿大最大的合作社,由 110 万名社员 286 个零售机构组成,其内部控制机制也具有典型的代表性。

在基层零售合作社,社员通过投票的方式选举合作社理事长。理事长和理事会成员候选人完全由社员提名产生。由于从事相同的经济活动和社区内部交往比较多,社员之间相互比较了解,社员在推荐候选人时,会推荐大家信得过而且有足够管理能力的社员参加竞选。当选以后,理事长和理事会成员必须对社员负责,否则社员就会在下一轮选举中提名新的候选人,从而更换管理层。因此,管理层社员具有较强的责任感。

合作社联盟管理层的产生机制与基层合作社的机制是类似的。合作社零售系统一共分布于 19 个选区,每个选区会选出一名理事参加合作社联盟的竞选。选区的确定,基本上按照选区与合作社联盟的交易额来分配,从而能够保证选区之间的均衡。然后,根据每个基层社有一票投票权的原则选出理事长。

在这种机制下,基层合作社和合作社联盟的理事长都是通过民主选举产生的,能够广泛地代表社员的利益。

合作社零售系统联盟现任主席自己就是一名拥有 1000 公顷土地的农场主。他于 1965 年参加合作社。1984 年,他被推选为自己所在的曼尼托巴省的基层合作社代表,并成为合作社联盟的理事会成员。1997 年,他当选为合作社联盟的副主席。2001 年,在前任主席退休后,他当选为合作社联盟主席。可见,他本人就出身草根阶层,是经过层层选举而执掌合作社联盟的。

萨斯喀彻温大豆种植合作组织的 2 万名社员分布在萨斯喀彻温大豆种植区域。该组织每两年选举理事会成员。候选人的提名具有非常广泛的社员基础。只要有两名会员推荐，就可以成为候选人。在候选人确定以后，合作组织就会将每个候选人的情况印发并通过邮寄以及媒体等多种途径将信息发给各个社员。正式选举一般在萨斯喀通市举行，在正常情况下，一般会有 2000 名左右的社员到会参加投票选举。政府派出官员监督选举的合法性。在选举结果出来以后，大豆种植合作组织将选举结果报告给政府就可以了。只要不存在不合法问题，政府不会提出异议。

由于加拿大集体行动文化非常浓厚，尽管理事会成员并不会有很高的经济待遇，但他们往往视其为一种荣誉，从而愿意为合作社的发展而贡献力量。如果社员对理事会成员不满意，还可以通过提出召开社员大会更换管理层。

3．规范的利益联结机制

虽然不同合作社的利益联结机制不同，但都比较规范。最根本的一条就是保证了社员的获利与社员对合作社贡献的对称。合作社给社员的返利一般根据社员的惠顾额进行，分红则按照股份进行。社员在加入合作社之后增加的收入也是比较明显的。这主要通过以下途径获得：

一是较高的产品销售价格。像 Leroy 生猪合作社为确保谷物来源，并提高社员交售谷物的积极性，合作社的谷物收购价格一般高于市场价。由于收购就在当地进行，社员的运输成本也要降低不少。

二是通过市场机制避免社员产品销售价格过低。目前，加拿大已经在牛奶、蛋类、肉鸡、火鸡等行业通过合作社的形式建立了供应管理市场系统，这样可以保证社员获得比较稳定的销售价格和收入。

三是利润返还和分红。2004 年，Agropur 合作社一共给 4200 名社员分红 6000 万加元，平均每个社员可拿到 1.4 万加元的分红。La Coop Federal 合作社给 5 万名社员返还 1200 万加元，平均每个社员 240 加元左右。西部零售合作社系统的"联邦合作社有限公司"给近 300 家合作社零售商、10 万左右的社员分红返利 2.3 亿加元，平均每个合作社零售商 77 万加元左右，平均每个社员 2300 加元左右。虽然返利分红并不是加拿大合作社社员的主要获益形式，但仍然是社员增加收入的一条途径。在新一代合作社中，这种形式的收入更多。

4．持续的创新机制

在 20 世纪 90 年代以前，加拿大合作社的发展主要是为了联合市场地位相对较弱的社员的力量，以共同应付市场竞争的需要。加拿大农业合作社的主要目的就在于保护社员的市场利益。20 世纪 90 年代以后，受农业领域的贸易自由化程度日益提高、市场对产品质量与安全方面的要求越来越严格、对产品创新能力的要求越来越高、市场集中度快速提高、农业资本化程度日益提高、一体化农业的快速发展、政府支持越来越少等因素的影响，农业的性质发生了很大变化。作为农业的重要组成部分，受内部力量的作用以及外部环境的影响，一些传统合作社的内在运转机制开始进行适应性的创新。像萨斯喀彻温省的达喀塔小麦合作社是该省最大的合作社之一。为提高竞争力，该合作社越来越注重资本的力量，公司化的趋势越来越明显。目前，该合作社已经上市，几乎完全按照股份有限公司的模式运转。

加拿大合作社的运行机制创新还突出地表现为新一代合作社的快速发展。新一代合作社具有这样几个特征：投资额比较大；与社员有稳定的契约关系；社员间的股权可以相互转让；更加专业化，尤其是注重满足特定客户的需求；农业机械化程度比较高；更加注重社员关系的协调；更加注重为社员提供信息并利用社员拥有的信息等。但最为基本的要点与传统的合作社仍然是一致的：合作社建立在社员间相互高度信任的基础之上，仍然保持一人一票的原则，民主选举管理层，按照惠顾额分配盈余等。目前，萨斯喀彻温的蜂糖加工合作社、牛肉加工合作社、专用奶酪合作社、Leroy 猪肉合作社、土豆和玉米淀粉合作社就属于新一代合作社。Leroy 猪肉合作社是一个典型的新一代合作社，第一次发行 100 股，每股 2 万加元，共筹集股金 200 万加元。当地居民要获得社员权，需要一次支付 2 万元。50 年以前，加拿大合作社只要求社员缴几千加元。即使是现在，对传统型合作社而言，要求社员一次缴上 2000 加元就已经是比较高的了。但是，新一代合作社颇受欢迎，如 Leroy 猪肉合作社的股份 2 天之内就被本社区的 87 位社员抢购一空。这说明，新一代合作社有其生存和发展的空间。

(三)合作社的发展具有良好的外部环境

加拿大整个社会环境非常利于合作社的存在与发展，并形成了一整套合作社文化，尤其是他们完备的法律体系、政府有效的支持和第三方力量的帮助，对合作社的发展具有重要作用。

1. 法律支持体系

加拿大有着比较完备的专门针对合作社的法律体系。在联邦一级，加拿大有专门适用于全国的《合作组织法》。在省一级，各省也有独立的合作社法律。省一级的法律并不是联邦一级法律的下位法，而是与联邦一级的法律在省域范围内有同样的效力。在萨斯喀彻温省，与合作社有关的法律有 13 个。

在加拿大，并不专门针对某类合作社制定法律，个别省专门制定了针对新一代合作社的法律除外。由于新一代合作社已经融入整个市场供应链之中，内部公平性原则变得更有弹性，同时为了解决"搭便车"问题，一些省份专门制定法律。例如，由于萨斯喀彻温省原来的小麦合作社已经上市，转化成公司，针对这种情况，萨斯喀彻温专门制定了适用于这类公司的法律。

这些合作社法律适用于除信用合作组织以外的所有合作社。加拿大法律主要从以下几个方面对合作社进行规定：

（1）法人地位。在加拿大，合作社是与公司、社会团体相并列的一类法人实体。这样，合作社就在承担责任方面能够与企业区别开来，负担也就相对较轻。在业务方面，又与社会团体区分开来，能开展经济活动。

（2）社员。加拿大法律将社员严格限定为从合作社获得服务的人。个人、其他合作社和其他非合作社实体都可以成为合作社社员。在一般情况下，一个社员有一票投票权。

（3）融资。加拿大的合作社融资机制比较灵活，也有较多的融资渠道。加拿大法律规定，合作社融资包括内部融资和外部融资两个部分。合作社内部融资和外部融资额度由合作社自己决定。内部融资包括共同支付价格、向社员借款、未分配利润和红利等。外部融资包括延期支付、向银行或政府借款等。在社员接受的情况下，合作社还可以要求社员购买一定数量的股份。

（4）利润分配。为防止因为利润分配导致合作社不能再承担债务，加拿大合作社法对以下情况进行利润分配实施严格限制：一是合作社不能够偿付债务或者在利润分配以后不能偿还债务的；二是利润分配后，合作社实际的资产价值将低于其总债务或者所有股本总额的。政府资助部分的分配取决于每一笔资助的具体规定。如果一笔资助是无条件的，这将对提高合作社利润水平有利，也可提高分红水平。合作社合并或者解体前应有明确的资产分配方案，除了偿还负债，合作社本身有权决定是否解体。

（5）会计系统。加拿大合作社必须每年向社员提供经过独立于合作社的人审计的财务报告，以确保信息的对称性。

（6）政府和农场主与合作社的关系。为保证相关利益者的利益，政府要对合作社进行监管。如果相关利益者认为合作社行为不当，可以向法院起诉并要求其更改。

（7）国家支持合作社的政策。加拿大联邦合作社法对支持合作社的具体手段和方式进行了大致的规定。详细的支持手段和方式则由专业性的法律和省级法律规定。现在，《加拿大合作社法》实际上在性质上从以监管为主的法律转变成为支持合作社发展的法律。

2. 政府支持体系

发展援助主要是由省一级政府提供。为支持合作社的发展，政府一般会将这一责任赋予一个特殊部门，该部门会雇用一支精干的队伍承担这一任务。政府还通常会从合作社领导人和学术机构中挑选专家形成专家队伍。在省一级，魁北克省对合作社的政策支持是最多的，该省专门建立了地区合作社发展机构以促进城乡合作社的发展。加拿大政府支持合作经济发展的方式非常灵活有效。

(1)"雪中送炭"而非"锦上添花"。加拿大政府对合作社的支持主要是在合作社发展的初期进行支持，这一时期也是合作社最需要帮助的时候。

(2)"授人以鱼不如授人以渔"。加拿大政府对合作经济的支持主要并不是在提供资金和税收优惠等方面，而是派出工作人员在不直接干预的情况下帮助成立合作社。具体帮助包括组织会议、帮助合作社达成一致意见、帮助决定业务活动种类等。合作社成立以后，还可以帮助确认社员、制订计划、寻求资源、进行产业分析等，以及帮助组织会议、管理咨询等。这种支持有明显的好处。一是政府可以全程参与合作社发展的全过程，对其发展存在的困难与问题比较了解，也利于监管合作社的行为；二是这种支持方式通过直接支持这些活动，可以明显提高社员的参与性，也利于完善内部运行机制。

(3)资金支持针对专项活动而非针对合作社本身。加拿大对合作社活动的支持主要根据政府的经济、社会发展计划来进行。如果合作社的某一类活动是政府优先发展领域的组成部分，就予以支持。因此，合作社能否得到支持，主要看其是否围绕经济、社会发展规划开展活动。

(4)"四两拨千斤"，激发合作社内部活力。如萨斯喀彻温省有小企业创新基金和新一代合作社创业基金，这两笔基金并不是直接给合作社提供资金援助，而是通过担保和利息补贴的方式为合作社提供资金支持，而且，这种担保并不由政府单独负责，而是要求农民联合起来与政府共同提供担保。由于农民相互比较了解，加上社区熟人之间的相互约束，政府的担保风险并不大。但政府的信贷担保却产生了非常明显的效应，一是促进了农民的联合，二是撬动了银行贷款。因为有政府的担保，银行比较愿意提供信贷。

3. 第三方支持力量

在萨斯喀彻温省，从大学教授到乡村农民，都有浓厚的农民集体行动情结，他们所在的组织也是支持合作社发展的重要力量。他们对合作社的情感来自于深厚的农民集体行动文化，他们对塑造合作社的社会环境具有重要作用,也是合作运动的积极推动者;他们能够激发分散的社员的思想火花,能够激发社员的热情。在合作社发展初期,这种作用非常重要。

研究机构和大学可以为合作社提供培训和进行一些研究活动。萨斯喀彻温大学的合作社研究中心在合作社、大学以及政府的适当资助下,开展合作社研究活动。如萨斯喀彻温灌溉多样化中心在帮助合作社及其社员改良土壤、实行节水灌溉、培养优良作物品种等方面起到了重要的作用。萨斯喀彻温大草原养猪中心在帮助合作社社员提高料肉比、提高猪肉质量、改善养殖场管理、提供生猪行业信息等方面具有不可替代的作用。

不同的合作社之间的相互帮助以及社区组织对合作社发展的帮助也是非常多的。信用合作组织为生产性合作组织提供了大量的资金,社区组织对加强合作社社员之间的交流、化解合作社内部矛盾具有直接影响,并为合作社社员提供了大量必要的生活服务。

六、丹麦的农业合作社

丹麦是世界上农民合作社最发达的国家,合作社的发展对于其农业和农产品加工业具有重要的促进作用。丹麦并没有针对合作社的专门行政性管理机构及专门性立法,丹麦农业合作社取得有利地位的根本原因是宪法赋予农民自由结社的权利。

(一)丹麦农业合作社的基本情况

丹麦农业合作社的发展起源于 200 多年前。早在 1805 年,农民就组建了第一个地方农民联盟。1893 年,成立了丹麦国家农民联盟。之后,第一个地方小农协会于 1896 年成立,而丹麦国家小农协会于 1910 年成立。在1882 年,一些农民组建了第一个奶牛合作社,1887 年建立了第一家合作社屠宰场。从此以后,建立合作团体的速度加快。作为合作的一个机构,合作社委员会于 1899 年成立。

丹麦通常被认为是世界上拥有数量最多的合作组织或协会的国家。丹麦人通过无数不同的方式,为了追求同样是无数不同的目的而组织在一起。几乎所有的丹麦人至少是一个协会或者组织的成员,而平均每个丹麦人是 4 个组织或者协会的成员。丹麦农民合作社完全是由农民自愿参加的,每个农户参加 3—4 个合作社,每个合作社大致由 200—500 个农户组成。合作社实行"一人一票"及利润属于全体社员的原则的民主管理。合作社企业是由农民自己建立和所有的,农民是合作社的成员和股东,由他们自己制定章程,选举董事会和任命经营管理人员。股东们既分享利润,也分担风险或亏损。

合作社在丹麦经济活动中占有重要地位。合作社产品的市场份额,在丹麦毛皮市场上占到 98%;另外,合作社其他产品在相关市场的占有率为:猪肉制品占 96%,黄油占 93%,牛奶占 91%,鸡蛋占 65%,水果蔬菜占 60%。

在丹麦,一个合作社就是一个不折不扣的协会——一些个体为了追求同样的目的而走到一起,即一些个体(例如农民)自己组织起来形成合作团体(协会)。而该团体拥有两个商业性的实体(一个合作社)。合作社通过对生产要素的优化配置和产业组合,实现了大规模的分工、分业生产,把分散的家庭农场的经营活动融入一条龙的生产经营体系,从而最大限度地发挥整体效应和规模效应。生产期间,作为社员的农户可以从自己所加入的不同的专业合作社以优惠的条件获得农业生产所需的良种、化肥、农药、农业机械等农业生产要素,这样就把分散的各个农户的小生产方式与规模经营的专业化生产结合起来。据统计,有超过半数的农业生产资料是通过合作社购买的。收获以后,合作社社员向合作社履行交送全部产品的责任,而合作社履行接收社员全部产品、集中加工,并以一定的商品品牌分级销售的责任。这样,避免了农业初级产品卖方和买方因经济利益而产生的矛盾。

丹麦的农业合作团体(协会)已经深深地融入了农业部门中,现有无数的协会网络和结构,通常被称为"丹麦模式"。了解这些组织结构及其职能,对于理解丹麦农业合作社部门的背景、职能和成功是十分重要的。

(二)丹麦农业合作社的制度

1. 没有关于合作社的专门立法,成立合作社只需要满足几个条件

除了挪威之外,丹麦基本上是世界上唯一一个没有对合作社进行特殊立法或者制定规定的国家。合作社由通用的判例法、习惯法和各个合作社章程调控。除了丹麦宪法赋予的权力之外,丹麦合作社建立在丹麦法律中管理经济交易的最古老的一个原则之上:签约自由。丹麦合作社最重要的原则之一是合作社社员在民主的基础上管理合作社。因此,当农民决定在丹麦成立合作社时,只需要满足几个条件:

(1)关于建立合作社的决议或者协议(可以是口头的,也可以是书面的)具有约束性。

(2)必须通过合作社的章程,可以是口头的,也可以是书面的。

(3)必须选举合作社的管理人员。

(4)两个或更多成员的入社申请。

2. 成立合作社需要通过决议

一般情况下,在合作社成立的全体会议上要通过决议,或者在成立大会

上通过决议。如果成立大会是一次有选举权的全体会议,全体会议也应该通过合作社的章程,并选举产生管理人员。成立合作社的决议,包括章程,一般要经全体成员一致通过,或至少要得到大多数人的同意,如果有人不同意合作社的章程,他基本上也不可能成为合作社的社员。进而,成立大会将规定必须满足的具体条件,以便使合作社的成立有效和具有约束性。

3. 丹麦没有合作社章程的标准模板,但章程必须包含一些基本内容

尽管有原则性的条款存在,但是丹麦并没有一个所谓的合作社章程的标准版本,因为每个合作社的情况都不一样。作为最基本的内容,章程将包含使合作社能够运作这方面的内容。进而,合作社的名称和产品必须是章程内容的一部分,而且必须依据章程建立合作社的管理层。

4. 合作社通过注册获得法人地位

对社员具有有限责任的合作社必须在丹麦商业和公司管理机构注册,以获得法人地位。注册基本上是个手续问题,而不是审查合作社,只有当合作社没有向丹麦商业和公司管理机构提供所需要的有关合作社的信息时,才不予以注册。

5. 合作社享有税收优惠,但不免税

有关合作社纳税的法律和规定对合作社的生存是至关重要的,因为它在很大程度上影响合作社社员的收益水平。为社员创造商业利益的可能性的任何程度的降低,都将不可避免地导致社员参加合作社活动动力的下降,并将最终导致合作社不能正常运作。在丹麦,对合作社提供税收优惠,但并不对其进行免税。丹麦的合作社归属于一项具体的合作社税法,其基本原则如下:

(1)无论合作社是否盈利,合作社都要支付 14.3% 的所得税。支付这项税的原因是合作社只是作为其社员的附属工具,而真正的纳税是由合作社社员以所得税的形式支付的。所得税的税率不能用其他公司的纳税法律管辖(公司的所得税为 30%)。

(2)合作社的社员自己在各自农场中的收益要正常纳税。

(3)当合作社要自愿清算时,合作社社员应按照从合作社分得的资产,支付个人本金收入税。

(三)丹麦农业合作社的发展特点

1. 农民自发性

通常在自愿的基础上,丹麦农民将自己组织起来,组建合作社,广泛参与经济活动。丹麦农民不是因为国家建立了一种机制,强迫或者敦促他们建立合作社,而是他们自己感到有必要组织起来,成立合作社。近 200 年来,

农民已经建立了许多不同的协会和组织网络,以保护他们的行业、经济、政治和其他利益。绝大多数农产品的销售通过合作社来组织,由农民自己安排。这就确保了从农产品到加工再到销售的生产链中的紧密结合。绝大多数促进生产的活动,如推广、研究、试验、防病措施、控制和监测、在职培训等等,都是由农民自己组织并出资的。

2. 宪法赋予农民成立合作社的权利

丹麦合作社取得有利地位的根本原因是宪法赋予农民自由结社的权利。1848 年生效的第一部国家宪法(被视为第一部"自由"宪法)有力地推进了这种趋势。它包含了一系列公民的基本权利,而这些权利对当今社会的发展起到了极大的支持作用。其中,支持建立合作社和合作社运动的最重要的宪法权利就是结社自由,即"为合法的目的而建立协会,无需得到预先审批"。这样,协会不需要任何权力机构的审批,不需要任何特殊法律调控,就可以成立并运作。这是丹麦合作社蓬勃发展的一个十分重要的因素。

3. 合作社委员会的协调职能

最初成立于 1899 年的丹麦合作社委员会,协调合作社的工作,作为合作社的代表与政府面对面打交道,在由成百个活跃的合作社组成的组织中发挥了重要的作用。合作社部门经历了合作社间越来越多的合并,合作社委员会的协调和代表作用逐步减少,但其重要性并没有削弱。2004 年,该组织的秘书处与丹麦农业理事会的秘书处合并,但该委员会仍然十分活跃。

4. 无行政性管理机构,无专门性立法

丹麦没有特别法律调控合作社的职能,在部长大臣的职责中也没有它,更没有特别的公共机构管理合作社。合作社独立于政府或者其他的权力机构。合作社的成立及运行是自下而上的,始于农民自己。合作社的最高机构为"丹麦农业理事会"。农业理事会不是政府组织,而是一个民间机构,是农民政治、经济利益的代言人,其目标是为农民创造最佳的经济环境,使农民得到最大利益的回报。这主要体现在参与政府制定与农业相关的政策、立法、对外谈判,参与欧盟的有关政策和对策事务,制定农产品和食品出口战略。

如前所强调,丹麦针对合作社实施的最为重要的单一法律工具是宪法赋予的自由结社的权利。立法者不是将结构、规则和规定施加于合作社,而是为合作社创造一个支持环境。合作社有其内部的规则,即章程。只有本合作社社员才能制定、讨论章程,并就章程达成协议。章程描述合作社的目标、社员的权利和义务、管理体系。在合作社的章程中,至少必须包括解决社员间的争端的规则。合作社并不完全游离于法律之外,一般性法律和规定既然适用于本国的所有其他组织或法人，当然也同样适用于合作社。

5. 开放式加入、一人一票及民主决策原则

丹麦农业合作社的基本原则是开放式加入的原则。无论农场规模大小、经营水平，每个社员在合作社中只有一票。这种严格的社员民主制的采用对合作社来说是一个巨大的推动因素。合作社快速发展的核心动力是农民通过合作社使增加收入成为可能。取得经济上的这种结果，是因为绝大多数农民在他们自己的每一个合作社中都发挥应有的作用。农民自主决策，而且他们所作的决策，将在个体的层面上影响他们自己的财政状况。

七、中国台湾地区的农业合作社

(一)中国台湾地区农业合作社的基本情况

第二次世界大战后，为振兴农业，台湾当局在农村积极创设合作农场、合作社。20 世纪 50 年代起，为了提高农民的生产技能，开始利用区域性农民组织"农会"大力发展先进技术推广教育，并颁布了农会暂行办法。农村中有关农业性业务统一由各乡镇农会经营，不得另设农业合作社。因此，只有一些与农会业务不发生冲突的产业如林业、茶叶、花卉、蜜蜂、鳗鱼等小规模合作社留存下来。

20 世纪 70 年代起，农产品产销失调问题严重，必须改善生产结构，扩大经营规模，以解决农民收益问题，农业合作经营组织——"合作社"再度受到重视。1974 年废止了"农会暂行办法"，农业合作经营又成为台湾地区当局施政的重要措施。当局先后出台了"辅导农业合作社、农场改善经营计划"、"辅导合作农场推行合作经营计划"、"辅导合作社、农场加强经营管理计划"、"发展农民团体策略管理计划"等多项扶持合作社的政策，开始辅导设立各种专业经营性的农业合作社及综合性的合作农场。

专业经营性的合作社包括农业生产合作社(合作经营农业的生产业务)、农业运销合作社(合作经营农产品的运销业务)、农业供给合作社(合作经营农业生产所需的农机具、种子、肥料、农药、饲料等业务)、农业利用合作社(合作经营农业生产所需的农机、仓储、加工、批发市场等设备利用业务)、农业保险合作社(合作经营人身、自然灾害、农产品运销风险等保险业务)。

综合经营性的合作社多为合作农场，是以不改变土地所有权为原则，扩大经营规模、提高生产经营效益的合作组织。

合作社由于其专业性强，20 世纪 80 年代如雨后春笋大量萌生，90 年代达到创建高潮，全岛现有各类合作社几千个。

(二)中国台湾地区农业合作社的经营业务

1. 果菜共同运销业务

共同运销已成为台湾地区果菜运销的主要渠道。1979 年以来，台湾地区农业合作社联合社指导各级农业合作社办理果菜共同运销的业务，并与台湾地区青果运销合作社及台湾地区农会成为传统果菜共同运销的三个供应系统。其中合作社系统的运销量增长最快。

2. 部队蔬菜副食品供应业务

1990 年台湾地区当局委托台湾地区农业合作社联合社试办部队 3 个副食品供应站的蔬菜、水果供应业务。至今台湾地区成立了 3 个主要的部队蔬菜副食品供应站及 32 个次供应站，开展直销供应业务。

3. 果菜直销业务

直销业务是指将农产品直接供应到消费者手中，以减少运销成本的一种新型运销方式。该业务是近年来被台湾地区农业合作社系统所引进的，主要是将果菜直接供给超市、量贩店及消费大户。

4. 青果外销业务

该项业务是由台湾地区青果运销合作社所承办。青果运销合作社是台湾地区历史最久、规模最大的农业合作社，主要业务是向日本销售香蕉、柑橘等。

5. 禽畜生产及运销业务

主要是指家禽类合作社及畜产类合作社。家禽类合作社主要办理鸡、鸭、鹅、蛋的生产、加工、运销，以及饲料种禽及其生产资料的供应业务。畜产类合作社主要办理毛猪、牛、羊、鹿及兔等的生产、加工及鱼产品加工等业务。

(三)中国台湾地区农业合作社的运作

1. 台湾地区农业合作社的组建及其结构

(1)合作社组建的条件及方式。台湾地区农业合作社的组建必须是农民基于本身的需要，在合作社法令规范下，自行依法向主管机关申请设立。台湾地区合作社法规定，设立合作社要具备五个条件：第一，要有农民 7 人以上发起；第二，社员 30 人以上；第三，土地面积集中 50 公顷以上；第四，股金 50 万元(台币)以上；第五，经主管机关许可。台湾地区农业合作社的组建多采用由下而上的方式，即由农民自行按照合作社管理办法组建以后，报请有关单位核准登记而成立。采用这种方式组建农业合作社要求农民具备较高的知识程度。此外，在有些较为落后的地区，农业合作社是由有关部门规划后引导农民参加，但其基础则较为脆弱。

(2)合作社的组织结构。台湾地区农业合作社的组织结构主要包括社员大会、理事会、监事会及社务会。其中，社员大会是最高权力机构，每个社员或代表只有一票表决权，有权选举理事、监事，审核合作社业务报告，制定或修订合作社的章程等等。理事会是合作社的执行机构，理事会主席对外代表合作社。监事会代表社员监督理事会。理事和监事共同组成社务会，作为合作社的协商机构，商讨合作社的重大事项。日常事务的处理通常是由经理人负责。台湾地区的许多农业合作社由于规模较小，由理事会主席兼任经理之职的十分常见。

2. 台湾地区农业合作社的运作机制及其特点

(1)利益分配机制。利益分配机制是农业合作社运作的核心。合理分配共同的交易利益是合作社经营中多元参与主体实现联合与合作的基石。农业合作社是农业生产者自愿结成的经济组织，其分配原则是：有偿服务，盈利返还。其分配形式多样，但无论采用何种方式，最终将使各环节的多元主体获得平均利润。在农业合作社中农户既是生产者，又是所有者，因此合作社的利益分配机制有其鲜明的特点：一方面社员按合作合同将其产品交售合作社；另一方面又按惠顾原则从中得到利润返还。这种利益分配均按合作社章程和合作合同规定进行。台湾地区农业合作社的分配特点是：多采用按合同(契约)规定，依交易额返还利润的方式。例如台湾地区南投县埔里花卉生产合作社，其主要业务是为社员进行共同运销。合作社在建社初期向社员提取5%的手续费，合作社的年度盈余除弥补亏损、支付股息外，其余按 35%用作公积金、5%用作公益金、10%用作理事及有关部门人员报酬、50%用作社员分配金，按照社员与合作社的交易额比例分配。又如嘉南羊乳运销合作社，该社的合作盈余 15%用于公积金，10%用于人员奖金，其余 75%按交易额比例返还给社员。由于农业合作社与农户之间是紧密联系的利益共同体，通过合理的利益分配，社员不仅可以得到初级农产品的利润，还可以得到农产品加工、销售后那一部分增值利润，因此通过农业合作社的经营，农业生产者可以得到比单纯的合同制更多的利润，这也是农业合作社得以运作的最根本的原因。

(2)营运约束机制。农业合作社的正常运营，合作社与社员之间互惠互利关系，靠营运约束机制来实现。主要的方式有：市场约束机制、合同约束机制、股份合作约束机制、租赁约束机制、专业承包约束机制等。台湾地区的农业合作社所采用的是合同(契约)约束机制，这也是各国各地区农业合作社普遍采用的运行方式。合作社与社员签订具有法律效力的产销合同,明确规定双方的权利及义务,社员按合同规定向合作社交售其产品,合作社为农户提供服务。签约双方必须履约,违约必究。例如南投县埔里花卉生产合作社,要求社员必须接受合作社的生产期、生产量的调节,而且所有产品全部交给合作社统一运销贩卖。如果社员违约生产,其产品要扣 10% 的违约金;如果自行贩卖产品,一经发现,则没收当月所有货款,作为检举社员的奖金。合作社对产品采取统一计划生产,包括花卉的品质管理、种苗安排及花卉的产量调节、分级包装、共同运销、统一计价等等。

(3)系统保障机制。农业合作社的正常运作需要一整套保障体系,包括组织保障和制度保障。组织是制定与执行各种制度的承担者和重要保证者,农业合作社这种组织形式既是制度的制定者又是制度的执行者,组织制度是否健全决定着合作社的经营效率和交易成本的高低。制度保障是指农业合作社所建立的许多制度,如合同产销制度、保护价格制度、风险基金制度等等。台湾地区农业合作社多采用合同产销制度作为合作社的保障体系,这也是现代市场经济中普遍采用的一种产销制度,其实质是按预定产销额进行生产。从这个意义上说产销合同就是市场。实行合同产销制度可以减少生产上的盲目性,因为农业合作社的合同中规定了农户向合作社交售产品的数量、质量、规格、交货时间,合作社按合同规定提供应有的服务并支付款项,这种合同产销制度保证了合同的兑现。

(四)中国台湾地区农业合作社对农业发展的贡献

1. 实现了农业生产的区域化和专业化

台湾地区的各类专业性合作社有明显的区域分布状况,如彰化县花卉生产合作社、南投县冻顶茶生产合作社、高雄县路竹蔬菜生产合作社、嘉南羊乳运输合作社等等,都是以区域为基础发展了专业化生产。这种明显的区域性特征,有利于集中资源和精力促进本地区优势产业的发展,提升区域优势和竞争力。而对于全地区性的产业如水果、毛猪等,则成立大规模的合作社,如台湾地区青果运销合作社、毛猪运销合作社联合社,可有效避免分散经营的低效率和相互竞争。这些组织大都成立于 20 世纪 70 年代中、后期,这些组织至今还能顺利运行的实际情况说明,其已具备比较完善的运行机制,也显示出其对区域化、产业化生产发展贡献的绩效。统一的经营还能有效地降低经营成本,避免不必要的资源浪费。合作社还对社员进行各方面的指导,增强共同经营的效用,提高了专业化的协作程度。

2. 促进了农业经营规模的扩大

台湾地区土地资源有限，小农私有观念根深蒂固，合作经营是克服小农经营思想的一个极为有效的途径。台湾地区农业生产产值中名列前茅的果树业和养猪业是属于全地区性的行业，因此这类合作社规模较大，拥有社员多，并且在各地还设立了分社，在生产中进行统筹安排。生产资料的供给、技术指导、市场拓展、运销等具体业务都由合作社进行办理。有的合作社甚至还成立研究机构，如青果合作社就为台湾地区的主要出口水果香蕉设立了香蕉研究所。这类组织能够提供产前、产中、产后的一系列的完善的服务，逐步形成了较大规模的经营。一些区域性的合作社也可以通过不断的完善和资源整合发展成大规模的经营。

3. 提高了市场竞争能力

在合作社成立以前，农户的农产品主要通过中间商进行销售，产销脱节现象严重，而且有的中间商只注重眼前利益，尽量获取差价方面的利润，一般没有市场开拓方面的想法，导致农产品销售量低，竞争力弱。而合作社通过专业化的生产和一定规模的经营，能有效地降低生产成本、运销成本，并且能使农户直接进入市场与购买者进行面对面的谈判。此外，还可以依靠协会的力量，与海外市场取得较好的联系，有效促进农产品的出口。目前台湾地区农产品的出口业务基本上是通过合作社在日本、美国等地不断开拓市场，同时又通过组织的协调作用，平衡了产与销的关系，避免无效生产，从而降低了生产成本，有利于市场竞争。

4. 推动了传统农业向现代农业转型

农业合作社还有利于促进传统农业向现代农业转型，有利于农业机械的普及和推广。社员可以通过合作社进行租借或共同利用，降低农业生产成本。合作社提供产前、产中、产后等一系列的服务，逐步完善现代农业的服务体系，为农业生产提供更多的有效指导。在合作社里，农业科技能得到及时有效的推广，提高农产品的科技含量，降低生产成本，有利于建立农业品牌。这些做法和作用都推动台湾地区农业逐步向现代农业靠近。此外，合作社对转化一部分农村剩余劳动力、促进乡村城镇化、降低农村居民过渡中两极分化的可能性、增强社会的团结和合作、提升人们的道德水准、培育农民企业家的精神等方面都将会产生巨大的作用。

八、不同国家(地区)农业合作社发展的经验借鉴

国外农业合作社经历了将近两个世纪的发展，积累了丰富的经验。我们

作为一个发展中国家,而且作为一个发展中的农业大国,充分吸取国外的经验,借鉴他国发展农业合作社的有益成果,将大大推动我国农民专业合作社的发展,并最终促进农业经济的腾飞。

(一)农业合作社是弱者的联合,而当前正是我国推动农民专业合作社发展的有利时机

我国农民专业合作社是农村经济发展到一定阶段的产物,是农业市场经济发展的客观要求。我国农村生产力在改革开放之后获得了极大的解放和发展,农业专业化、社会化水平有了快速提升,农民生活水平有了较大改善。但是,随着改革的深入,市场经济的进一步发展,制约农村经济发展的一些问题也日益突出:

一是农民商品生产活动越来越依赖社会化服务,需要提供产前、产中、产后全方位的配套合作和服务。

二是小生产和大市场的矛盾日益严峻。分散经营的农民势单力薄,无法及时、准确、全面地得到市场供求信息,当然没有办法靠这些信息指导生产,因此,生产在盲目无序下进行,极大地降低了生产效率,甚至造成社会人力、物力资源的浪费和市场的混乱。

三是我国正处在转型期,地区差距和不同利益集团之间的贫富差距逐渐产生,而且日益扩大。对从事农产品初级加工的农民来说,他们是弱势群体,如果不开展各种形式的联合和合作,就没有办法保障自身的利益。

四是我国加入了世界贸易组织,农业竞争已经突破了国家的界限。我国农民组织化程度低,难以应对国际市场的挑战。

这些问题,发达国家也曾遇到过,他们一般都是通过发展农业合作社来解决的,我国应该学习他们的经验,在当前大力发展农业产业化经营、积极发展外向型农业的有利时机下,因势利导,积极发展农民专业合作社。

(二)发展农民专业合作社,必须尊重农民的意愿和选择,必须为农民提供服务

农民专业合作社是市场经济的产物,是农民为改变自己在市场中的不利地位而自发联合组成的自主性经济组织。其职能主要是解决农民分散生产经营中遇到的困难,提高组织化程度,降低交易成本,保障自身合法权益。在国外,农民合作经济组织可以采取不同的发展模式,但是都必须建立在农民自愿的基础上,体现"民办、民管、民受益"这一基本原则。

当前,我国农民专业合作社进入了重建、再建阶段,各地尤其是沿海发达地区兴办农民专业合作社的热潮方兴未艾,政府部门应充分尊重农民的意愿和选择，加强引导。只要是农民自己愿意而且能办的就放心大胆地让他们去办；农民愿意办但还没有条件去办的，要积极给他们创造条件，引导和帮助农民去办；农民不愿意办的，切忌行政命令，强制进行。

农民在加入组织的时候，要充分考虑农民个人的选择，加入与退出都是自由的。合作组织的成员是由全体成员大会或代表大会选举产生，并按他们的决议进行工作。

此外，从国外农业合作经济组织的发展情况来看，农业合作经济组织不是营利机构，它不能以获得利润为最大目的，而是为其成员服务的，即通过自身的业务活动，为成员生产和生活提供综合化、社会化服务，以保护农民利益，增加农户收入，提高其社会和经济地位。所以，农民专业合作社的所有活动都是根据成员的特点和需求进行的，只要对农民有利的事，不管是亏本还是盈利，他们都会去做，以此来保护农民利益。

(三)发展农民专业合作社要大胆创新，有所突破

创新机制建立在创新意识和创新氛围的基础上，它是合作经济组织发展的原动力。

从国外农业合作经济组织发展的变化趋势中我们应该看到，随着国际市场一体化趋势的发展和市场竞争的加剧，农业合作社开始了一系列适应市场竞争的组织创新。例如进行横向合并和纵向一体化推行股份合作制，不再强调资本报酬有限、平均股、一人一票等原则，改革公共积累制度，将公共积累记入个人账户或配股到人，区分合作组织的经营项目，分别采取营利和不营利的原则，实行专家管理，对重大项目进行可行性研究制度等等。上述制度改革和创新保证了农业合作经济组织的健康持续发展。因此，这些宝贵的经验将成为指导我国农民专业合作社发展的重要法宝。它要求我们在实践当中，要从各地自然、经济、社会发展的条件出发，因时制宜、因地制宜地引导、鼓励农民创新，尊重农民的创造才能，坚持多种形式发展农民专业合作社，将农民专业合作社带入良性发展的全新阶段。至于发展过程中，我们应该采取什么样的模式，选择什么样的道路，实行什么样的政策，更不应该千篇一律，而应该积极创新，走自己的路，开拓具有自己特色的农民专业合作社发展的全新局面。

随着农民合作意识的逐步增强，农民合作规模的继续扩大，农民合作要素的逐渐增多，合作层次的不断增加，建立具有创新意识的农民专业合作社已经成为一种必然的需要。

(四)发展农民专业合作社需要政府的支持和立法保护

农民专业合作社的发展离不开政府的扶持,发达国家的农业合作经济组织都是在本国政府的直接或间接帮助下建立和发展完善起来的,政府的支持尤其是立法保护对农业合作经济组织的健康发展具有重要的保证作用。

过去,我国农民专业合作社没有合法的法人地位,发展没有有效的法律保障,外部也缺乏理想的发展环境,有些地区的工商行政管理等部门也不承认农民专业合作经济组织的合法地位,甚至不对其进行合法登记。因此,农民专业合作社只能在民政部门按社团登记,农民专业合作社的社会地位不高,致使其不能以独立的经济实体开展各项经营活动。农民在销售产品、签订合同、解决贷款的时候也不能得到法律保障,从而产生许多困难。

可喜的是,2006 年 10 月 31 日第十届全国人民代表大会常务委员会第二十四次会议通过了《中华人民共和国农民专业合作社法》(已于 2007 年 7 月 1 日起施行,以下简称《农民专业合作社法》)。这部法律的颁布对于我国农民专业合作社的发展具有里程碑的意义。它从定义、设立和等级、成员、组织机构、财务管理、合并、分立及解散、扶持政策、法律责任等方面对农民专业合作社及其发展进行了规范,从而明确了农民专业合作社的市场地位,有力保障了农民的合法权益。由于《农民专业合作社法》是我国第一部全国意义上的农民专业合作社法,而我国农业合作社的发展又处于起步阶段,在法律制定上更多参考了国外的经验,因此,随着我国农民专业合作社的发展需要做进一步的修改。

有了法律以后,关键还在于落实,不然法律只是一纸空文。要加大宣传与培训力度,而且各级政府首先要规范自己的行为,在登记注册、政策扶持、规范管理等方面严格按照法律程序来执行。应该尽快地将这部法律贯彻落实到位。此外,除了立法之外,我国农民专业合作社的发展还应该学习国外,积极争取政府财政以及其他政策的扶持,把农民专业合作社当作农民补贴扶持的中介和纽带,使农民专业合作社成为一个重要的农业融资通道。

(五)发展农民专业合作社要尽快建立内部管理制度和运行机制

农民专业合作社之所以有强大的生命力,是由其内部因素决定的。农民专业合作社以为成员服务为宗旨,以农民自愿参加、民主管理等为原则,以合作组织成员个人所有和共同所有相结合为所有制,以合作组织成员共同所有占主导地位,实行按劳分配与按股分红以及其他分配形式相结合的分配制度。这些都充分证明合作组织是非营利性组织,是互助合作共同致富的组织,是社会群体利益相结合的组织,是个人利益与社会利益相统一的组织,是劳动群众自己的组织。

改革开放尤其是加入世界贸易组织以来,我国农民专业合作经济组织得到飞速发展,但无论是社会性和专业性的合作社,还是农民专业协会、股份合作组织,都普遍存在着组织化程度不高、管理和运作不规范、功能发挥不尽如人意之处。解决这些问题,要把坚持合作制的基本宗旨和基本原则与我国的国情和实际情况结合起来,通过健全资产运营机制、建立有效的激励和约束机制、完善内部积累与发展机制、完备监督机制、完善利益分配机制等手段创造性地健全和完善农民专业合作社的内部管理制度和运行机制。

(六)通过发展农产品加工增值业务,提高农民专业合作社的盈利能力

目前,我国的农民专业合作社普遍从事初级农产品的销售服务业务,从事农产品深加工、精加工的很少,这就使得增值空间有限,限制了农业的发展,农民得到的好处也是很小的。同时,农民专业合作社在销售农产品方面也不具有优势,这些都严重影响农业生产的发展。国外的经验表明,走农产品深加工的增值业务,将大大改善农民专业合作社的盈利能力,提升农民的生活水平,促进农业经济向纵深发展。

第四章　我国农民专业合作社的发展状况

第一节　我国农民专业合作社发展概述

一、我国农民专业合作社的产生与发展

西方的合作经济思想传入到我国与孙中山有最直接的联系。孙中山可谓是我国最早对国外合作社进行系统研究，并提出自己的一套主张的人。1916年前后，他在英国逗留期间，就对英国的消费合作社倍加赞赏。随后的1918年，北京大学创办了我国第一个消费合作社，开始了合作社的工作。以后民主人士梁漱溟在山东邹平、晏阳初在河北定县(今河北定州市)进行了信用社和运销合作社的试验。

1934年，当时的国民党政府颁布了《合作社法》。至1936年，国民党统治区的合作社已发展到37318个。

中国共产党也非常注重对西方先进思想的吸收，注重合作社的作用与建设。1920年11月，在法国勤工俭学的蔡和森就给毛泽东写信说，无产阶级革命有四种利器：一个是党，一个是工会，一个是合作社，一个是苏维埃。1927年，毛泽东在考察湖南农民运动后指出，合作社，特别是消费、贩卖、信用三种合作社，确是农民所需要的。到了江西革命根据地，毛泽东通过调查研究又指出，建立在以个体经济为基础(不破坏个体的私有财产基础)的劳动互助组织，即农民的生产合作社，是非常重要的，只有这样，生产力才可以大大提高。

中华人民共和国成立后，在20世纪50年代起开始搞农业互助合作运动。1951年12月中央作出了《关于农业生产互助合作的决议》。当时的互助合作主要有以变土换工为形式的临时性、季节性的劳力互助合作组或常年的互助合作组。还有土地入股为特点的农业生产合作社，农民将土地以固定租额租给合作社取得土地分红，当时叫土地合作社。但这些都是土地等生产资料

私有基础上的合作。1953 年 12 月 16 日，中央通过《关于发展农业生产合作社的决议》。这时的农业生产合作社叫初级社。其特点：一是土地和生产资料私有；二是社员以土地入股，合作社联合经营土地，统一使用劳力。土地入股，以股分红；劳力入社，按劳分配。1955 年 8 月 25 日，国务院发布《农村粮食统购统销暂行办法》。1955 年 11 月 9 日，全国人大通过《初级农业生产合作社示范章程草案》。1956 年 6 月 30 日，第一届全国人大第三次会议通过《高级农业生产合作社示范章程》，把合作社称为"高级社"，又叫"集体经济组织"。其特点：一是入社的农民必须把私有的土地和牲畜、大型农具等主要生产资料转为合作社集体所有，取消土地入股报酬，土地实行合作社统一经营；二是把社员分成若干个田间生产队，统一劳动；三是以工计酬，按劳分配。从此，合作社从"初级社"转变为"高级社"，"高级社"又升级为"人民公社"，合作变成了"合并"，"合作社"变成了"集体经济组织"，合作社的性质发生了本质变化。从 1956 年的高级社到 1958 年的人民公社直到党的十一届三中全会前长达 20 多年的时间里，我国农村实行的都是这种"一大、二公、三统一"的集体经济体制。

1978 年 12 月安徽凤阳小岗村由农民自发兴起的包干到户揭开了我国农村经济体制改革的序幕。

党的十一届三中全会以后，我国农村开始了以市场经济为目标取向的农村经济体制改革，建立了农村家庭承包经营制度，改变了农民与土地的关系，使农民的利益与土地产出直接挂钩，受到农民的普遍欢迎，极大地调动了农民的生产积极性。与此相适应，农村新型的合作经济有了长足的发展。1983 年前后，农村出现了多种形式的联合体。特别是农户专业化分工的发展，各种专业户、专业村不断涌现，农民对技术、生产服务的需求呈现出了多样化，一批专业合作社、专业协会应运而生。

农民专业合作社正是在社会主义市场经济条件下，在实行家庭承包经营制度的基础上，广大农民为解决生产经营中的信息、技术、资金、生产资料供应、农副产品销售等方面的实际问题，从事同类或者相关农产品的生产经营的农户，依据加入自愿、退出自由、民主监督、盈余返还的原则，按照章程约定进行共同生产、经营、服务活动的互助性经济组织。

党的十六届三中全会明确提出，支持农民按照自愿、民主的原则，发展多种形式的农村专业合作组织。2004 年中央 1 号文件进一步提出了鼓励发展各类农民专业合作社的具体政策。这些政策的实施有力地推动了我国农民专业合作社的发展。

二、我国农民专业合作社的发展阶段

我国的农民专业合作社从 20 世纪 80 年代初至今，大致经历了以下三个阶段。

(一)自发组建阶段(20 世纪 80 年代初期至 80 年代中期)

实行家庭承包经营责任制后，农民获得了经营自主权，农户的生产经营领域得到了极大拓展，农村出现了"两户"，即"专业户"和"重点户"，激发了农民面向市场改进农产品营销方法和学习新技术的需求。在逐步增强的需求诱导下，农民根据生产发展需要，依托供销社、农技部门等逐步建立起一批以开展技术、信息、购销服务为主要内容的农民专业合作社或者专业协会，成员与合作社之间基本上处于"松散型"关系，自生自灭。这一阶段主要是由农村能人和专业户根据利益、合作生产的需求联合一批农民在自愿自发的基础上组建起来的。这是最初形态的农民专业合作经济组织，大多数称为"专业技术协会"或"研究会"，如山西省太谷县 1985 年成立的"西瓜研究会"等。又如 1983 年，山西省平定县宋家庄 110 户农民联合 17 台拖拉机、80 辆小平车办起了"运输合作社"。由于当时农产品市场供不应求，农民通过这种合作，得到了最急需的农业技术，提高了产量，增加了收入。

当时的合作主要局限在生产阶段，以技术合作与交流为主，合作的领域窄、层次低，成员与组织是"松散型"的关系，许多成员在得到技术以后就不再参加合作组织，而任其自生自灭。这一时期的合作组织数量少、规模小、稳定性差，而且规范化程度很低，大多数没有章程与组织结构，只凭着合作成员朴素的感情纽带联结，成员的权利和义务也不清晰，农民从中获得的利益较少，作用不明显。绝大部分协会仍停留在单纯从事信息交流、技术推广和辅导活动的层次，很少向商业经营领域延伸，少数协会将业务延伸到商业经营领域，也还是处于低水平、分散经营、各自为政的状态。

(二)探索引导阶段(20 世纪 80 年代中期至 90 年代末)

这一阶段是政府逐步加强政策支持和积极组织试点相结合、加强部门作用和重视制度化建设相结合的阶段。1986 年，中共中央 1 号文件明确提出，农村出现了一批农民联合购销组织，各有关部门均应给予热情支持和帮助。1987 年，国务院 55 号文件要求在自愿原则下，组织生产者建立不同产品的生产专业协会，或按照合作社的组织原则，建立专业合作社。1991 年党的十三届八中全会通过的《中共中央关于进一步加强农业和农村工作的决定》中进一步提出要积极支持或扶持农民专业技术协会、专业合作社和农户自办、联办的各种服务组织。

政策环境的好转、政府支持力度的加大和市场经济体制的完善，为农民专业合作社的多元化发展提供了良好条件。1993 年，国务院明确以农业部作为指导和扶持农民专业合作社与联合组织发展的行政主管部门。

针对农村专业技术协会发展中存在的问题，1994 年，中共中央 4 号文件强调要抓紧制定《农民专业协会章程》，引导农民专业协会真正成为民办、民管、民受益的新型经济组织。此后不久，农业部就会同有关部门起草了《农民专业协会示范章程》。同年，农业部和中国科协联合下发了《关于加强对农民专业技术协会指导和扶持工作的通知》。财政部门等也出台了相关扶持政策。农业部门及各省、自治区、直辖市组织的相关试点工作陆续展开。此后，根据国务院批示，农业部会同有关部门开始进行农民专业协会的立法和管理试点，确定陕西省、山西省为借鉴日本农协经验的试点省，安徽省为农民专业协会示范章程的试点省。

这一阶段，随着农村经济体制改革的不断深入，越来越多的农产品实行市场调节。与此相伴而生，农业生产领域涌现出一批新兴产业。农民对产品的生产及其相应的产前、产后服务提出了新的要求，从而开始出现一批具有一定科技水平同时又具有产前、产后综合服务能力的专业合作社。最早的农民专业合作社出现在山西。1994 年山西分别在定襄、祁县、万荣、临汾四个县，以日本农协为榜样，开展合作试验。其中祁县在四个乡镇建立了果业合作社，在三个乡镇建立了奶业合作社，并在县一级成立了联合会。万荣县则以供销社为母体，组建了四个独立于供销社的农民专业合作社，借助原供销社渠道，为农民提供农产品加工和销售服务。与此同时，政府、农业部门及供销社根据农民专业合作经济组织在服务农民、推进农业产业化经营中的作用，积极探索引导其加快发展。此后合作领域有所拓宽，合作层次有所提高，服务功能有所提升，成员与合作社的关系由"松散"走向"紧密"，数量和质量均有较大提高，并涌现出了一批规模较大、产业链较长、运作符合合作经济组织规范、覆盖面广、对周边农民的带动力较强的好典型。

据农业部统计，截至 2000 年底，全国专业合作社数是 2.6 万家，成员858 万户，销售农产品为 126.77 亿元。这一时期的专业合作社在协作基础上又增加了许多服务内容。

(三)全面推进阶段(20 世纪 90 年代末至今)

这一阶段是我国农民专业合作社的发展逐步进入全面推进和深化的时期，大力发展"紧密型"的专业合作社是这一时期的突出任务。

　　这一时期，对我国农民专业合作社的发展比较大的影响因素主要有三个：一是农业和农村经济结构调整的加快深入推进，为农民专业合作社的发展提供了良好的需求环境；二是加入世界贸易组织效应的逐步释放，增强了农民专业合作社发展的重要性和迫切性；三是各级政府及相关部门对于农民专业合作社发展的支持力度显著增大，并逐步具体化。农民专业合作社成员共同投资，兴建从事农产品加工的经济实体，成为这一时期的突出特点。在前两个阶段发展的基础上，随着农业市场化程度的提高，一部分农民专业合作社发展起来，具备了一定的经济实力，内部管理制度也逐步建立起来。

　　2003 年，我国比较规范的农民专业合作经济组织已超过 15 万个，其中专业合作社约占 35%，专业协会约占 65%。统计结果表明，近几年来，专业合作经济组织的数量基本稳定，而每个合作组织的入社成员人数也在增加，农产品的销售数量和质量都在不断提高。

　　据农业部统计，农民专业合作经济组织按行业划分，以种植业为主，占47%，畜牧业次之，占 25%，渔业占 6%，其他占 22%。

　　从成员分布情况看，以乡镇、村农民为主，这些合作组织分布在全国各地和各个行业，目前农民专业合作经济组织主要活动在村、乡的范围内，也有一些跨县、跨省的。

　　这一阶段的主要特征：一是兴办方式多种多样。除能人或专业大户牵头兴办外，还有依托县、乡两级的农技、畜牧、水产、农机等技术推广服务部门组建，同时还有在农业产业化龙头企业与农民发生经济关系的过程中，兴办的一批农民专业合作社。二是组织形式相对紧密，大多专业合作社都有章程，成员间的权利、义务进一步明确，活动范围逐步跨越社区界限。三是活动内容逐步拓宽。合作组织与成员之间、成员与成员之间的合作内容更加广泛，既有技术合作、又有供销、资金、信息等方面的合作，甚至出现劳动联合与资本联合相结合的新型合作关系，加速了我国农民专业合作社发展的进程。因此可以说，农民专业合作社以其独特的功能和作用正在逐步成为农民增收创业的新起点、农村经济发展新的增长点、农村经营体制的创新点、供销社回归"三农"的切入点。

三、我国农民专业合作社的类型

　　根据发起主体不同，农民专业合作社分为以下八种：政府经济技术部门领办型、农村能人带动型、民间力量推动型、农业龙头企业依托型、供销合作社创办型、村党支部或村委会带动型、农民自发组织型和农产品批发市场依托型。

(一)政府经济技术部门领办型

政府经济技术部门领办型主要是指县、乡经济技术部门发挥其技术、资金、服务、组织管理等方面的优势,广泛吸收农民成员领办的农民专业合作社。具体表现为:①以乡镇政府或其职能部门为依托,比如乡镇农服中心、农技站、植保站等,大大降低了合作经济组织的管理成本。②依托于政府原有涉农服务体系,这些涉农机构负责人或技术员成为该合作组织的领导。③县级主管部门则通过一些名义上的组织形式同合作组织对接,比如专家委员会、技术顾问、产业发展办公室、项目办等等。像山东省莱阳组建合作社的经验被称为"莱阳模式",其特点是根据农业生产发展及农产品加工出口企业的需要,专业农户联合涉农部门兴办专业合作社,实现两种组织资源的优化整合。

这种类型的优势是有利于农业科技成果的转化,是政府有关部门转变职能的途径之一。其制约因素是由于利益联结机制松散,不利于进一步发展。政府的影响占据着主导地位,不符合农民专业合作社的运行规则。就现实情况分析,在初始阶段这种模式更容易成功,但它不应该是农民专业合作社发展的最终目标,而仅仅是一个过渡,必须逐渐地把主体地位让位给农民,真正使它们成为"民办、民管、民受益"的农民自主管理的组织。

(二)农村能人带动型

农村能人带动型是指由农民企业家或有一定经济实力和能力的农民带头人、种养大户等利用他们的技术和销售渠道牵头兴办、农户参与的农民专业合作社。农民带头人全面负责组织和管理合作社的运行和决策;合作社负责生产资料供应、生产技术指导和农产品收购;农民自愿入社,按要求生产,按股金分红,但不参与决策。

这种类型的优势是减少内耗,决策迅速,降低经营风险,组织机构松紧有致,既能提高农户的生产经营积极性,又兼顾了农户经营的自由性。其制约因素是权责划分不明确,造成农户不愿意承担农民专业合作社的经营损失,带头人往往会承担自己本不应该承担的责任,这不仅影响带头人的积极性,更会影响合作社组织运行的科学性。

出现这种情况的原因很多:首先,农户没有认识到按科学完成每一个生产环节的重要性,导致生产出的农产品不合格;其次,农户入社时对合作社的章程不了解或一知半解;第三,合作社领导机构对合作社文化的教育不够,过多关注经营,忽视了对成员文化的培训和教育。国际合作社运动实际上是一场文化运动,是不断改变传统农民的过程,是培养具有合作理念和能力的新农民的过程。我国的各种合作社普遍忽视了这一问题,应引起合作社领导人的重视。

(三)民间力量推动型

民间力量包括非政府组织、新乡村建设学派以及来自高校的大学生志愿者。其特征是基本按照经典合作社的原则组建合作社,因此组织结构齐备,重视文化建设。主要服务项目是购销服务,部分合作社开展资金互助项目。民间力量是合作社发展的后盾,他们每年对合作社领导人进行培训,及时指明其发展方向。2005 年在北京教授们的倡导下,几家合作社共同成立了"国仁绿色联盟",在北京开设了第一家零售商店,销售合作社生产的绿色农产品。同时,全国第一家"消费者合作社"成立,为合作社打开了产品销售渠道。

但是,这种合作社存在几个突出矛盾:成员需求与合作社供给之间的结构性矛盾、发起者理念导向的公益性与合作社作为经济组织的趋利性之间的矛盾、合作社组织建设超前与业务开展缓慢之间的矛盾、合作社民主管理的要求与管理人员的能力和动力之间的矛盾。

(四)农业龙头企业依托型

农业龙头企业依托型是指由农产品加工或销售企业、批发市场等起龙头作用的企业带头组建的农民专业合作社。它是以从事农产品加工或销售等业务为主的农业龙头企业为依托,吸收相关农户组建专业合作经济组织(主要是专业合作社),以专业合作经济组织为载体,实行"公司+专业合作社+农户"的产业化经营的发展模式。目前,加工龙头企业往往缺少稳定的农产品原料资源,经销企业往往缺少稳定的农产品商品货源,而通过合作社就可以实现生产农户与龙头企业的对接。如浙江省供销社引导龙头企业直接领办生产合作社,或者由供销社牵头领办生产或销售合作社与龙头企业对接。

这种模式的显著特点是规模大、影响范围广(跨省区),对农户帮助效果明显。其优势是:农民专业合作社是联结龙头企业和农户的中间组织,增强了农民的谈判地位,将农户生产与企业需求紧密相连。但其制约因素也很多,如龙头企业的体制直接影响到农户的利益,龙头企业如果是由成员以外的投资主体投资设立的,那么其运营模式的设计就会直接影响到农户的经营成本。因为农户获取市场信息需要付出一定量的成本,如果获取农民专业合作社的信息也需要付出成本,就会使农户由原来的一次成本投入变为两次投入,成本加大就会使加入农民专业合作社取得的优势变得不明显。有的企业以免费服务的方式基本解决了这一问题,但并不是每一个龙头企业都能如此。因为这一部分成本如果农户不支出就要计入企业成本之中,企业是否接受这一支出,除了自身主观愿意以外,还受到实力的约束。

(五)供销合作社创办型

供销合作社创办型是指依托供销社的人员机构、固定资产或设施而组建农民专业合作社的发展模式。包括基层供销合作社领办型和供销社企业带动型。基层供销合作社领办型是指基层供销社依托资产、网络、人才、经营业务等资源优势,围绕当地农产品、特色产品等产业项目,以统一优良品种和生产技术指导、统一农业生产资料采购与供应、统一加工、统一品牌、统一销售、统一运输、统一储存等多种联结方式,组织农民领办专业合作社。基层供销社寻找适合本地资源条件的实用特色产业项目,以特色产业项目为依托带动农民组建专业合作社。

供销社企业带动型是指从事农产品加工和流通业务的供销社企业领办专业合作社,建立稳定的商品货源,扩大经营业务。如供销合作社系统的农产品批发市场领办专业合作社,使专业合作社成为批发市场的经营主体,实现供销社市场经营与商品经营的有机结合;缺少优势业务的供销社企业,围绕农产品加工和经销领办合作社;没有经营业务的社有企业直接改造为专业合作社,转变企业体制,按合作社原则实施重组;农业生产资料经营企业通过领办合作社,通过为合作社成员统一采购、配送农资商品,开展技物结合服务等方式,扩大和稳定终端市场,提高经营服务水平。

供销合作社创办型农民专业合作社的优势是遍布全国的营销网络、人才和技术,促进了农副产品的产业化、流通化,降低了农业生产的市场风险。但供销合作社这一组织形式产生于计划经济时期,组织经营模式难以适应新形势,有可能成为阻碍其发展的障碍。

(六)村党支部或村委会带动型

村党支部或村委会带动型是指在村党支部或村委会的组织和引导下成立农民专业合作社,使党在农村的政治优势和专业协会的经济优势有机结合起来,引领农民走专业化生产的道路。

来自各地的案例显示,其运作方式多种多样,有实质性介入的,有松散型联合的。主要有支部融合型(党支部、村委会和协会领导班子成员经过民主选举进行交叉任职,党支部书记任协会理事长,党支部副书记、村委会主任任协会副理事长,村委委员任协会常务理事)、支部介入型(协会由农业产业化龙头企业、专业大户、农村"能人"发起,村支部书记任协会名誉会长,以协调企业与农户之间的关系，实现村党支部对协会的政治领导)、支部引导型(协会由农民经纪人、乡土拔尖人才牵头，乡镇党委、村支部进行指导)。党支部或村委会带动型发挥了党员能人的"双带"作用，找到了村党支部或村委会发展经济的切入点，加强了党对农民专业合作经济组织的领导，保证了后者正确的政治方向。其制约因素：一是协会组织结构比较松散；二是受政府影响较大。

(七)农民自发组织型

农民自发组织型是指农民按照自愿互利原则围绕当地主导产业自发组织起来的农民专业合作社。这种基于自身需要的组织一般以当地的主导产业为核心形成，不受地区和行政区划的限制。产权具有均齐性、管理民主、权责明确、以农户为中心是其区别于其他合作经济组织的显著特点。理事会成员由成员选举产生，例会制度成为成员之间、协会管理层与成员之间的纽带。但缺乏核心领导人可能导致其缺乏长远发展规划，质量控制、资金积累、销售问题、技术问题、农产品深加工和营销问题是他们面临的最大困难。

(八)农产品批发市场依托型

农产品批发市场依托型主要是指依托农产品批发市场，利用其流通、中介等优势组建的农民专业合作社。如浙江省供销社系统已组建的农产品行业协会和农产品专业协会，通过组建若干个同类农产品专业合作社，作为专业协会、行业协会的团体会员和主要服务对象，壮大协会的组织基础。农民既作为农产品行业协会、专业协会的成员，同时又成为专业合作社的成员。农民成员由松散型联合向紧密型联合转变，协会发挥自身优势去领办专业合作社，使专业协会在保留协会社团法人地位的同时，逐步发展成为专业合作社联合社，办成具有合作社法人资格的经济实体；使农产品行业协会形成以同类专业合作社为主体，吸收与本行业相关的科技、加工、销售等其他成分共同参加的更合理的会员结构，从而更好地发挥行业协会的组织指导服务职能。

四、我国农民专业合作社的运行机制

(一)成员制度

1. 自愿原则

按照经典的合作社理论，合作社的组织机制是自愿加入和自由退出。国际合作社联盟规定的合作社的基本原则中第一条就是自愿与开放的社员制，任何人只要能够利用合作社提供的服务并承担社员义务，均可以入社，不受政治、宗教、种族和性别的歧视。

同时,合作社社员有自由退出的权利。据调查,在我国农村的各种专业合作社中,自愿原则家喻户晓,无论是农民为主兴办的,还是非农民力量兴办的,都普遍较好地执行了自愿加入和自由退出的制度。但是,也有一部分组织对退出有所限制,主要是限制合作社骨干成员的退出。如浙江省仙居县广度高山蔬菜专业合作社规定理事会成员及工作人员在职或在任期间不能退社,合作社的发起人不能退社等。

2. 对成员资格的限定

合作组织的基础是成员,合作组织对成员资格的规定非常重要。其一是对成员身份的限定,即要求成员必须是从事某一专业生产的农民或与专业生产有关的个人或团体。其二是对成员的生产规模进行限定,即要求至少要达到一定的生产规模才能入社。对成员身份的限定是合作组织最基本的要求。合作组织是由从事某项专业生产的农民形成的特定群体,是以为成员提供服务为宗旨的。

对成员生产规模的限定只存在于一些合作组织中,如山东省莱芜市口镇养鸡合作社,要求养鸡 500 只以上者才允许入社。最低规模的限定,一方面可以使合作社的起点较高、业务比较稳定,但另一方面也限制了合作组织的发展和壮大。所以,目前大多数组织放宽了成员的入社条件。

3. 对成员权利和义务的规定

成员拥有的权利:一是组织管理权,包括选举权、被选举权、监督权、建议权。二是接受服务权,如优先供应生产资料、销售产品等优惠服务及最大限度利用设施等。三是参与二次分配的权利。

成员应承担的义务:在组织管理方面,遵守章程,执行成员大会、理事会、监事会的决定。在业务方面,积极参加组织活动,按技术要求进行生产经营。在经济方面,按规定缴纳股金或会费。在精神方面,要求发扬互助合作精神,共同开展生产经营活动。

目前,大多数组织规定其可以取消成员的资格,但不可以要求成员分担税款,不可以要求成员分担组织损失,不可以要求成员帮助偿还组织的贷款,不可以要求成员为组织贷款提供抵押品等。

4. 对成员的投资规定

组织正常运行必须有一定的资金支持。大多数组织的规定主要是限定股金的最高额或最低额。按照经典的合作社理论,股金是作为取得成员资格的凭证,不是盈利的手段,因此,有些组织限定成员的最高入股量。对股金最低额的规定是为了保证合作社有足够的资金来源。但这些规定也有不足之处，如股金最高额限定可能会影响组织实力的提高，从而影响组织业务和对成员的服务能力，股金最低额限定则可能将贫困的农户排除在组织之外。

(二)民主选举

农民专业合作社管理机构包括成员代表大会、理事会、理事长和监事会。成员代表大会是合作社的最高权力机构，由全体成员代表组成，负责制定、修改和通过合作社的章程，选举和罢免理事会、监事会领导，审议合作社的发展、经营和财务报告，审查和决定合作社的年终盈余分配或亏损弥补等重大事项。成员代表大会每年至少召开一次。

理事会是合作组织的常设机构，在成员代表大会闭幕期间执行决策权力，并对大会负责。主要负责制定工作计划、发展规划、规章制度，聘任合作社的经理人员，主持合作社的日常经营等事项。

监事会是合作社的监督机构，监督合作社是否依法经营，监督理事会对成员代表大会决议的执行情况，监督检查合作社的经营状况并向成员代表大会报告，列席理事会会议。

有的还组建了具体的经营部门,如广东省梅州市金柚流通协会设立了成员大会和理事会，还下设采购部负责金柚收购和质量检测，技术部负责栽培管理，销售部负责销售和市场开发，财务部负责财务管理。

理事长、理事会和监事会的产生都应遵循民主原则，主要表现在选举方式和提名方式上。选举方式主要有成员代表大会选举、理事会推举和政府指定。在提名方式上，主要有生产经营大户提名、海选题名、理事长提名、政府和企业负责人提名等。

(三)决策机制

《中华人民共和国农民专业合作社法》第十七条规定："农民专业合作社成员大会选举和表决，实行一人一票制，成员各享有一票的基本表决权。出资额或者与本社交易量(额)较大的成员按照章程规定,可以享有附加表决权。本社的附加表决权总票数,不得超过本社成员基本表决权总票数的百分之二十。享有附加表决权的成员及其享有的附加表决权数,应当在每次成员大会召开时告知出席会议的成员。"

目前，我国大多数合作社组织都实行了这一制度，但存在"一股一票"的发展趋势。两者之间的区别是，一人一票强调成员的权利，体现了公平的原则即收益最大化的原则，而一股一票强调的是资本的权利，体现了效率的原则即资本收益最大化的原则。在现实中，由于资金不足是一个很突出的问题,因而普遍对成员入股数量采取鼓励的态度,这就使出资多的成员有资本带来的投票优势,从而可以要求突出资本的权利。于是,就难免在重大决策时产生按股投票或一人多票的情形,并形成有利于资本优势成员的决策和制度安排。

全体成员大会是最高权力机构。召开全体成员大会的主要内容是提供技术咨询与培训,传达政府或有关部门的文件指示,选举或更换合作社负责人。但现实表明,全体大会不常召开,因此,决策中心在理事会。由理事会作决定的事项包括挑选新成员、决定为成员提供的服务内容、开发新产品、进行新的投资、开除现有成员、寻找新的市场、挑选确定生产资料供应商、挑选确定产品的购买方等。

(四)利益机制

合作社的利益机制是合作社谋求成员利益最大化宗旨的体现。按照经典的合作社理论,合作社的利益机制主要是为成员提供的服务和盈余按交易额返还,是实现公平与效率的统一。成员利用合作社的服务越多,不仅可以通过合作社的组织效应实现和分享规模收益,而且还能较多地分享合作社的经营利润。《中华人民共和国农民专业合作社法》第三十七条有关盈余分配问题上规定,可分配盈余"按成员与本社的交易量(额)比例返还,返还总额不得低于可分配盈余的百分之六十"。这就意味着无论农民专业合作社的出资人出资额在总股本中的比重有多大,他最多也只能获取盈余中的 40% 和17.5%的控制权(当社员超过 100 人时)。

(五)交易原则

按照经典的合作社理论,合作社的交易原则主要是在成员之间进行交易,不以盈利为目的。这也是合作社借以取得国家财政、税收优惠的基准。但是,在实际运作中,许多组织没有限制同非成员的交易,对外交易额远远超过对成员的交易额。如四川彭县养蜂合作社,其收购的全部产品中,成员的产品只占小部分,大量产品属于非成员的,其中外部蜂农的产品超过一半。这种现象在国际合作经济领域中也普遍存在。合作社要想进一步壮大,交易就不能仅停留在成员内部;而如果遵守合作社原则,仅限于成员之间的交易,合作社就难以同其他经济组织相竞争抗衡,从而失去市场份额。这是一个两难问题。

五、合作社发展史的若干启示

根据"解放思想、开动脑筋、实事求是、团结一致向前看"的方针,本着"古为今用，洋为中用"的原则，通过简要地回顾合作社的发展历史，获得了如下若干启示。这些启示对认识和发展我国的农民专业合作社有一定的参考价值。

(一)无产阶级夺取政权以后，应怎样对待农民问题

马克思、恩格斯对这个问题阐述得很清楚，农民有两重性，他们既是私有者，又是劳动者。作为一个小块土地所有者，必须进行社会主义改造。马克思指出，凡是农民作为土地私有者大批存在的地方，一开始就应当促进土地私有制向集体所有制过渡，让农民自己通过经济的道路来实现这种过渡，但是不能采取得罪农民的措施，例如宣布废除继承权或废除农民所有权。

这里发生了一个难题，即对农民既要改造，又不能废除其所有权，怎么办？

恩格斯找到了解决这一难题的途径，即首先是把他们的私人生产和私人占有变为合作社的生产和占有。就是通过合作社的办法来逐步实现私有制向公有制的过渡。对待农民这个劳动者和同盟军怎样改造，恩格斯强调指出，决不能用暴力去剥夺小农，而是要根据自愿原则，通过示范为农民提供社会帮助的办法，把农民的私人生产和占有变为合作社的生产和占有。

因此，在发展农民专业合作经济组织时，要经常学习马克思、恩格斯关于合作制的理论与原则，深入调查研究，尊重农民的首创精神和意愿，按经济规律办事，克服急躁冒进情绪，努力做到正确处理农民问题。

(二)农民专业合作社的特点

综合考察国内外合作社的发展历程，可以发现合作社的基本特点是：

在组成成员上，它是由农民、个体手工业者(含个体商贩)等个体劳动者，为了共同的利益，经过民主协商，自愿结合组成的。

在所有制上，它保有一定的农民所有权，但又不同于农民私有权，因为它实行了合作社生产、经营和占有，已有了一定的社会性，可是也不同于集体农庄所有制，集体农庄是完全的公有制。

在生产经营上，它保留着家庭经营的独立自主作用，但又不同于个体经济，因为它已参与了合作社的统一生产和经营，已有一定的合作性、联合性。

在分配方式上，不是完全的按劳分配，而是按劳动、土地、资金比例分配，有的还加上按参与经营的产品数量和经销的商品份额比例分配，即人们通常说的实行"利益均沾"。

在组织形式上，比较灵活多样，合作的项目有多有少，合作的程度有高有低，参与合作的成员有多有少，有本地人有外地人，组织机构、人员编制

有简有繁、有多有少等等。

在社会活动上，都实行民主管理，重大活动都由全体成员或其代表机构民主协商确定。表决权按人不按股份，实行一人一票制。

(三)家庭经营在合作经济中的作用

既然合作社是合作生产、合作占有，还保有农民的所有权，那么，在合作社内部，就必然或多或少地保留家庭的生产和经营，我们应该怎样对待农民的家庭经营呢？是限制它、消灭它，还是支持它，把它与合作经营结合起来，充分发挥它的作用，共同发展合作经济？

历史事实证明，只能是后者。按恩格斯的考察，家庭，主要指农民家庭，一产生就有了组织生产和生活的职能，即有了家庭经济，它一直顽强地存在着，经过资本主义大生产的排挤，甚至是垄断组织的鲸吞，也未被完全摧毁。目前，在发达资本主义国家，仍保留着大量的农民家庭经济，这说明即使是在现代化农业生产手段的条件下，家庭经济仍有强大的生命力。在社会主义阶段的合作制经济中，还必须发挥家庭经营的积极作用。如果过早地取消农民家庭的经济职能，像在人民公社化运动初期所做的那样，就会挫伤亿万户农民的经营积极性，农业生产是不可能搞好的。

第二节　我国农民专业合作社的发展现状

一、我国农民专业合作社的发展现状及特点

近几年来，我国农民专业合作社的发展呈现出速度加快、区域覆盖面扩大、合作领域拓宽、合作层次提高、参与农业产业化发展程度加深以及外部制度和政策环境日益宽松等新特点，但是也存在着总体发展水平低、组织发育不足、整体实力不强、区域不平衡、运行不规范、缺乏有效的法律制度保护等诸多问题。

(一)从总体发展看，速度加快，但发展水平很低

据统计，我国农村比较规范的各类农民专业合作社已超过 15 万家，按产业分为种植业、养殖业以及其他行业，所占比例依次为 44.70%、15.35% 和 39.95%。

2006 年 7 月 6 日，全国市(地)级农业领导干部"发展农民专业合作经济

组织与建设社会主义新农村"专题研究班上，农业部副部长尹成杰在主题报告中通报了全国的情况，全国农民专业合作经济组织达到 15 万多个，成员 2363 万户，占全国农户总数的 9.8%，带动非成员农户 3245 万户，占农户总数的 13.5%，两类农户合计占全国农户总数的 23.3%。

合作经济发展起步较早的部分省、自治区、直辖市，保持了稳步的发展势头。如浙江省到 2007 年底全省共有各类农民专业合作社 5141 家，入社成员 33.4 万人，占全省纯农户的 16.7%，带动农户 256.4 万户，占总农户的 23.3%。在广大传统农区，农民专业合作社的发展速度明显加快，在一些地方甚至出现了后来居上的发展势头。2001 年，重庆市全市有各类农民专业合作社 349 家，成员 5.1 万人，占全市农户的 0.2%；到 2005 年，农民专业合作社的总量达到了 1590 家，成员超过 25 万人，占全市农户的比例达到了 3.7%，其中带动的农户数量占全市农户总数的 10%以上。四川省各类农民专业合作社到 2005 年已经突破万家，带动农户 438 万户，覆盖面达到全省农户总数的 23%；仅 2005 年一年就新发展农民专业合作社 1553 家，是历年来数量增加最多的一年，成员总户数超过 150 万户，带动农户 260 万户，帮助农民实现收入 36 亿元，向农民成员返利 2000 多万元。广西壮族自治区仅 2005 年登记注册的专业协会、合作社就有 1500 多家，是 2003 年以前的 6 倍。黑龙江省到 2005 年，发展各类农民专业合作社 2816 家，拥有成员 43.2 万人，占农户总数的 9%。

然而，与我国近 2.5 亿农户、近 4 万个乡镇以及近 70 万个行政村的庞大农村组织网络体系相比较，我国农民专业合作社的总体发展水平仍然较低，入社农户数量非常有限，远远不能像发达国家以及一些发展中国家那样成为农户生产经营体系的一个重要组成部分。尽管改革开放以来，各类新型农民专业合作社的发展已有 20 多年的历史，但是仍然处在初期起步阶段。

(二)区域分布上出现不平衡性

在农民专业合作社遍地开花的同时，发展的区域不平衡性进一步拉大。从统计结果看，这种不平衡性不仅表现在地区间农业生产水平、农产品市场化程度以及农业专业化水平的发展差异上，而且还表现在同一经济水平下不同政策导向的差异上。

从东、中、西部地区看，东部农业发达地区农民专业合作社的发展，开始向着企业化的农产品营销合作社的方向迈进；而中、西部传统农区，特别是西部地区的农民专业合作社大多仍然停留在以技术服务性的民间协会为主的发展阶段上。东部地区农民专业合作社的平均规模、总体经济实力明显高于中、西部地区。在东部农业发达地区中，浙江、山东、北京等省、直辖市农民专业合作社的发展相对较快，农民专业合作社在当地农业产业化中发挥的作用相对较强。这不仅仅是由于这些省、直辖市农业产业化的发展在全国农村走在了前列，而且这 3 个省、直辖市也是最早制定鼓励农民专业合作社发展的各项优惠政策、颁布农民专业合作社示范章程或制定地方法规条例的地区，政府的积极推动有力地促进了这些地区农民专业合作社的发展。在中、西部地区也存在同样的发展格局，其中，四川、陕西、黑龙江、吉林、安徽、江西等省的农民专业合作社发展步伐相对较快。但是在各省内，农民专业合作社的发展主要集中在几个地区，如吉林省农民专业合作社的发展主要集中在中、东部地区；在黑龙江省，以大庆地区农民专业合作社的发展最为突出，到 2005 年全市共创办各类农民专业合作社 547 个，组织农户 12.8 万户，占全市农户总数的近 1/3。

(三)经营业务以初级品的生产流通为主

近年来，农民专业合作社的发展逐步拓展到农业生产资料共同购买、农产品共同销售、农产品初级加工、大中型农业机械共同利用、土地合作经营、小型水利基础设施建设、内部成员资金互助、联合运输、农业信息分享、农村资源共同开发等多个领域。其中一个突出的特点是，农民专业合作社积极参与到当地农业产业化的进程中来。那些围绕当地技术含量较高、资本相对密集、市场竞争较激烈、产品保鲜周期短的农产品而建立、发展起来的农民专业合作社，带领小规模专业农户以较低的门槛进入到农业产业化进程中，通过与龙头企业或农产品终端市场建立起稳定的供货关系，促进生产者、加工者和销售者之间形成有效的利益分配机制，努力使处于弱势地位的农业生产者不仅获得生产农产品的收益，而且在一定程度上分享农产品在流通、加工领域所实现的增加值。

农民专业合作社的介入，还进一步推动了当地农业产业化、农业结构优化升级的步伐，从而初步形成农业产业化和农民专业合作社相互促进、良性发展的雏形。但是，与发达国家农民专业合作社自身向着农产品加工领域延伸，实现农产品生产、加工纵向一体化发展的潮流和趋势相比较，我国农民专业合作社参与农业产业化经营的层次还很低，仍然停留在初级产品的生产流通领域，主要是作为农户与农产品加工企业联结的中介，农民专业合作社基本没有涉足到农产品加工领域，直接实现农产品增值链条的延长。

以陕西省为例，全省 2/3 的合作社没有固定资产，只能提供技术和信息服务。又如成都市各类农民专业合作社到 2005 年已经发展到了 1595 家，拥有成员 17.56 万人，联系农户 43.75 万户，占全市农户的 21%，但其主要活动是为成员提供技术培训以及新技术、新品种的推广服务等，难以满足成员更加广泛的需要。

(四)农民为主体的产权制度尚未形成

近年来，农民专业合作社的发展打破了长期以政府(部门)为主牵头兴办的格局，形成社会多种力量、各路精英共同发展合作社的良好局面，农民领办人的作用也日益显现出来，在各种创办人中所占的比例呈上升态势，而政府(部门)牵头兴办的合作社比例则呈下降态势，基层政府逐步退出合作社的经营领域已经成为一种大趋势。

从全国各地的调查情况看，由于农民能人大户的力量还相对薄弱，并且各地发展合作社的社会资源不同，合作社牵头领办者仍然是一个多元化的局面，要在全国范围内形成以农民为领办人主体的局面还尚待时机。这种现状导致的直接后果是，在那些由政府职能部门、龙头企业以及基层供销社等牵头兴办的农民专业合作社中，合作社往往没有建立起农民成员为所有者主体的产权制度。较为普遍的一个现象是，非农民领办人在合作社的股权结构中占据绝对控股地位，个别大股东的股本在合作社总股本中占据 80% 乃至 90% 以上的情况并非特例。这种产权结构与严格意义上的农民专业合作社的产权制度安排有着较大的距离。

(五)运行机制尚待进一步规范

从全国总体水平看，农民专业合作社有效的运行机制还没有真正建立起来。相当多的合作社没有自己的章程，或者是章程流于形式，如参照某一示范章程照抄照搬。在合作社的经营中，相当多的合作社存在着合作社经理(通常也是合作社的董事长、合作社的发起人)独揽大权，广大成员被排斥在合作社实际决策层以外的问题，从而无法体现合作社民主控制的基本原则，最终难以谋求成员的共同利益。此外，合作社财务管理制度等基本管理制度不健全，成员大会、董事会不能按时定期召开也是较为普遍的一个问题。

(六)合作社自身体系尚待完善

在农民专业合作社较为发达的地区已经出现了建立合作社联合社，发展农产品行业协会，发展合作社之间以及合作社与公司之间横向合作的新动向。江苏省涌现出 450 家农民专业合作社联合社，如大丰蚕业合作总社，就是由 25 个分社联合而成的，联合社覆盖的农民成员达到 2.6 万户，覆盖的蚕桑面积 7.2 万亩。但总体上看，全国各地的农民专业合作社发展还没有形成一个自下而上、基层合作社自发、自主联合起来的合作社联合社组织体系。

现阶段合作社联合社基本上是一种自上向下的外部推动,带有较强的行政色彩,仍需进一步完善和优化。

(七)农民专业合作社发展的制度、政策、舆论环境日渐宽松

2003、2004 年,农民专业合作社发展迎来了改革开放以来的政策春天。2003 年底,由全国人大常委会农业与农村委员会牵头,农民专业合作社的立法起草工作正式启动,在立足于促进农民专业合作社的发展,认真总结国内经验,特别是总结在农业产业化经营中农民专业合作社发展的经验的立法指导思想下,起草小组初步拟定了《中华人民共和国农民专业合作社法》的框架结构和基本内容,2006 年由第十届全国人民代表大会常务委员会第二十四次会议讨论通过,并于 2007 年 7 月 1 日起施行。

2004 年的中共中央、国务院 1 号文件明确指出要积极推进有关农民专业合作社的立法工作。该文件同时还提出,从 2004 年起,中央和地方要安排专门资金,支持农民专业合作社开展信息、技术、培训、质量标准与认证、市场营销等服务。有关金融机构支持农民专业合作社建设标准化生产基地、兴办仓储设施和加工企业、购置农产品运销设备,财政可适当给予贴息。

根据文件精神,财政部在 2003 年 2000 万元专项资金的基础上,2004 年又安排了 5000 万元,专门用于财政扶持试点工作;农业部 2004、2005 年各安排了 2000 万元的专项资金开展农民专业合作社示范项目建设试点。这项工作在 2006 年以来继续进行,并进一步加大了财政扶持力度。与此同时,越来越多的省、自治区、直辖市从财政支出中列支专款扶持本地农民专业合作社的发展,数额从数十万到数千万元不等。其中,年财政专项扶持资金达到 1000 万元以上的省份有山东、浙江、黑龙江等省,一些经济较为发达的县(市)也对农民专业合作社给予数万元的补贴。

在政策制定方面,山东、浙江、北京、江苏、河北、广西、广东、黑龙江、吉林、江西、上海、四川、重庆、湖北、湖南、辽宁、陕西、山西、安徽、云南、甘肃、青海、宁夏等 23 个省、自治区、直辖市专门制定了推进农民专业合作社发展的建议或意见。其中有 18 个省、自治区、直辖市的政策是在 2003 年以后出台的,有 12 个省、自治区、直辖市的政策是在 2004 年中共中央、国务院 1 号文件下发后出台的。与此同时,其他省、自治区、直辖市也出台了一系列建议或意见,强调要改善农民专业合作社的政策环境和法律环境,加大对农民专业合作社的扶持力度,解决农民专业合作社的注册登记问题;为农民专业合作社提供诸如专项资金扶持、税收优惠、信贷服务等;给予农民专业合作社用地、用电、用水以及运输政策的优惠,为农民

专业合作社发展创造公平竞争的发展环境。

从未来发展看,我国农民专业合作社的发展空间将十分广阔,尤其是在那些技术与资本投入密集、产品保鲜周期短、产品交易频率高、距终端市场远,以及销售市场高端化的高附加值农产品的生产领域,农民专业合作社将成为未来农业产业化发展中联结专业农户与农产品龙头企业、专业农户与终端市场,或联合农户直接进入农产品加工领域等的一种重要的组织方式,成为 21 世纪农业经营体制创新的一个亮点。

二、我国农民专业合作社建设的经验和教训

在我国不同的历史阶段,农民专业合作社对农业生产和农村经济产生了不同的作用和影响,其中既有成功的经验,也有沉痛的教训。

(一)计划经济体制下的历史教训

从体制、机制、方法角度分析,计划经济体制下的农民合作社给人们留下了深刻教训,主要表现在以下几点。

1. 盲目地追求公有化程度,忽视了农户的独立产权和经营自主权

受极"左"思潮的影响,简单地把公有化程度看作社会形态发展的指标,形成了私有是资本主义,集体所有是半社会主义,全民所有是社会主义等错误概念。在这种思想的指导下,1958 年出现了"公社化、食堂化"的供给制,"干活不计工,吃饭不要钱";到了"文化大革命"时期,自留地、家庭副业全部被当作资本主义来批判。除了"三驾马车",农村社会不存在其他生产经营主体,农户名义上是合作社的成员,实际上并不享有股东成员的权利,没有家庭经营权,完全失去了个体地位,使集体成为抽象的集体,集体所有制变成了"无所谓"所有制,或者成为不被成员关心的"社区社会所有制",形成成员对集体资产、对生产成效漠不关心的局面。

2. "政社合一",以政代社,忽视合作社对其成员的经济责任

在人民公社时期,公社代行乡政府职能,由于人民公社与生产大队、生产队的经济关系,从而衍生出人民公社、生产大队、生产队之间的准行政关系,逐级服从上级的行政命令,甚至于衍生出上级对下级的资产拥有、调配关系。这是一度在队与队、社与社之间,平调土地、家畜、劳动力等"一平二调"错误的体制根源。这种"政社合一"的体制,容易把下级服从上级带到经济生活中来,形成忽视对成员的经济责任的现象。过去人民公社时期的"交够国家的,留够集体的,剩下才是成员的"收益分配关系,成员的经济利益被放在了从属的地位。

3. 计划指标自上而下地下达，使合作社失去了独立的经营自主权

计划经济指标往往集中地反映了国家发展的主要经济指标，"工业国有化，农业集体化"的经济体制，城市居民、农民两种户籍待遇制度，使国家陷入了"二元结构"的矛盾体制。合作社的发展要服从于国家计划，同时又要满足成员的生活需要，这样就使合作社处于国家需要和农民成员生活需要的矛盾之中。为了完成上级的"统购统销"任务，合作社经常要放弃或损失成员利益，尤其是在"一刀切"、"浮夸风"盛行的年代，指令性计划就是法律，尽管国家三令五申强调保护合作社利益，实际上在许多地方，合作社没有经营自主权可言，成员利益往往无法得到保护。

4. 盲目地追求"一大、二公"，所有制的升级过度，产权混乱

不经社员讨论决议，随意宣布取消社员股金，不经清算财产简单退还社员股金，社员在合作社的产权受到严重侵犯。人民公社时期的几次以过度升级、并队、并社为内容的"共产风"，在农村造成了极大的财产混乱和思想混乱，以至于混淆了社员与合作社雇员、合作社雇员与国家干部的界限，在某些时期把合作社变成城市居民、国家干部的就业安置渠道。某些更高一级的联合社的领导，甚至于由政府组织部门任免，社员的等额选举权、被选举权被忽略，基层社社员的主人翁地位不断被淡化，民主决策、民主选举形同虚设。这种行政性的联合、合并造成的后遗症，至今仍然难以消除。

(二)在市场经济条件下取得的成效

农村改革开放以后，在家庭承包经营基础上，出现了以农户为主体的合作社，经过 20 多年的发展在全国已经形成了一支强大的生力军。在全国，运行比较规范、活动比较经常的农民专业合作社、专业协会已经超过 15 万个，遍布种植、畜牧、水产各行业。形成了"办一个合作社，带动一个产业，兴一方经济，富一帮农民"的发展景象。

1. 合作组织的层次逐步提高

农民专业合作社已从简单的生产范畴合作逐步向品牌、流通、加工等生产经营范畴方向发展，形成了专业化生产、区域化布局、社会化服务、企业化管理、一体化经营的生产体系格局。如浙江省 100 家省级示范性农民专业合作社中，有 83 家统一使用商标，72 家统一供种供苗，67 家统一供应农资，94 家统一生产或安全质量标准，70 家被认定为无公害基地或"绿色食品"、浙江绿色农产品，69 家被认定为名牌或优质产品称号。

2. 组织经营辐射范围不断扩大

从产业覆盖看，大部分农民专业合作社已涉及农业各个产业，农业中又

以畜牧、水果、蔬菜等产业居多，粮食等比较效益不高的产业较少。合作组织还延伸到农业服务业，如浙江省温岭市箬横镇的肖俊敏等24户农机户参股，于2003年成立了温岭久发农机服务合作社。从成员分布来看，跨乡镇的合作逐步增多。从生产基地看，已辐射到省外，如浙江省开化县食用菌协会已在江西、湖北、上海等省、直辖市建立了生产基地。

3. 合作组织的服务功能、保护功能不断提升

许多合作社定期举办各种类型的培训班。由于合作社具有信息、技术、销售等有机结合的服务功能，能够为农民提供有效的生产信息、技术辅导、产品标准等服务，其有效地直接带动农户的作用越来越明显。此外，已有一批农民专业合作社对内不以盈利为目的，通过无偿或低偿采购供应农业投入品、按市场价或保护价收购产品，按交易额和股金额返还盈余，保护了农民的利益，增加了农民的收入，起到了龙头企业不可替代的作用。

4. 组织内部运作逐步规范

以浙江省为例，在为农民专业合作社提供法律保障方面是走在全国前列的。2004年，浙江省人大常委会颁布了《浙江省农民专业合作社条例》，这是全国首个农民专业合作社条例。该条例的出台解决了长期以来困扰农民专业合作社发展的法律地位问题，使之走上了法制化管理的轨道。

根据这一条例，浙江省农民专业合作社的内部运作逐渐走向规范化：在确立主体上，实行依法登记；在合作方式上，实行统分结合、双层经营；在经营内容上，实行生产专业化；在组织管理上，实行自愿联合，民主办社；在办社宗旨上，对内不以盈利为目的，对外以实现利润为目标；在利益分配上，努力实现成员收入最大化。

5. 逐渐出现联合的趋势

农民专业合作组织由专业走向联合是经济发展的必然趋势。像浙江省的专业合作社在经历了迅猛的数量增长之后，终于迎来了联合。2006年11月7日，浙江省第一家农民专业合作社联合会——温岭市农民专业合作社联合会成立了，该联合会由温岭市箬横西瓜合作社等9家合作社发起，按照法定程序筹备成立，首批成员由规范化的50家农民专业合作社参加。它标志着浙江省农民专业合作社进入了由单个竞争向抱团竞争的新阶段，使各合作社在优势互补、资源共享、互惠互利基础上形成一个有机整体，提升了合作层次，拓展了合作范围，进一步提高了农民生产经营的组织化程度。

(三)发展农民专业合作社的成功经验

1. 依托当地农业优势产业，注重种养、贩销大户牵头，龙头企业带动是产业基础

农民专业合作社是农业产业化的必然结果，只有农业的专业化生产发展达到一定水平，农民才有组织起来、开展联合协作的内在要求。因此，它的发展要尊重农民的意愿和首创精神，适应当地农业结构调整和发展的方向。选择当地种、养、加商品生产已发展到一定规模、形成一定优势且具有市场前景的产业和产品作为办社的依托，并结合市场导向确定专业合作社的发展规模和模式，充分注重农村生产、贩销大户的参与和龙头企业的带动，这是确保创建成功的产业基础。

2. 坚持因地制宜，鼓励多样化发展是现实选择

各地农村经济发展水平、农业产业结构和城乡居民消费需求的差异，决定了农民合作的方式、内容和深度等的多样性，因此引导发展必须坚持因地制宜，注重特色，讲究实效，绝不能统一套用一种模式。要勇于突破地域、行业和所有制界限，实行多渠道、多领域、多层次的合作。组建方式可以由社办农业企业为龙头兴办、由供销社与农业部门共同牵头组建，也可以由产销大户、农民经纪人等牵头创办；合作方式可以是生产的合作、销售的合作，也可以是产、供、销一体化的合作；合作内容可以是劳动的合作、技术的合作、资金的合作，也可以是这些生产要素兼有的合作。只要是有利于提高农民进入市场的组织化程度，坚持合作社的基本特征，有利于推动农业产业的发展，增强市场竞争力和增加农民收入的合作，都应大力倡导。

3. 坚持"民办、民管、民享"，突出农民的市场主体地位，建立健全内部运作机制是本质要求

农民专业合作社是在尊重农户市场主体地位的基础上，农民自愿参与建立起来的自我服务、自我管理、自我发展的合作经济组织，合作主体是农民，活力之源是民主，联结纽带是利益。因此，农民专业合作社要坚持合作制原则，内部民主管理机制、利益联结机制、自我服务机制、约束监督机制、风险防范机制的建立和运作都要突出农民的市场主体地位，要通过入股使成员与合作社结成经济利益共同体；要在内部治理结构上体现民主管理、民主决策；要在利益联结上体现利益均沾、风险共担；要通过两次分配使入社农户得到更多的实惠。只有这样，才能调动农户入社的积极性，增强专业合作社的吸引力、凝聚力和竞争力，稳定合作社与农户的关系。

4. 遵循市场经济要求，实行企业化运作，注重市场竞争力的培养和提高是关键

农民专业合作社作为市场经济催生的经济组织，组建目的是通过合作与联合的力量参与市场竞争，追求最大的效益，让农户得到更多的实惠。这就要求专业合作社遵循市场经济发展规律，按照竞争主体的要求，积极探索全面提高整体竞争力和效益的路径和措施。这些路径和措施有：

一是实行实体化运作，按照市场需求，独立自主地开展生产经营活动；

二是实施推广标准化生产、品牌化经营，提高和稳定农产品的品质和质量，实现以质取胜；

三是充分利用贩销大户、龙头企业和供销社营销网络优势，开拓销售市场；

四是通过健全决策机制减少风险，通过加强内部管理降低成本，还要教育农民成员树立风险共担的意识；

五是建立抗风险基金，增强抵御市场风险的能力。

5. 争取各级党委、政府支持，加强工作指导是重要保证

农业是弱势产业，农民是困难群体，农民专业合作社是弱者的联合，迫切需要支持。因此，发展农民专业合作社要坚持"民办公助党领导"，积极争取政府及其相关部门在政策导向、资金、税收、技术、信息、建设规划和舆论等诸方面加大扶持力度。同时要切实加强工作指导，做到引导而不强制，支持而不干扰，扶助而不包揽，发挥好牵头组织作用、引导走向市场作用、规范指导作用和综合服务作用，注重通过典型和榜样的力量，调动发展的积极性、主动性和创造性，引领农民专业合作社面向市场，走自主发展之路。

6. 合作社服务内容的综合性是基本保障

市场经济的普遍发展，科学技术的不断进步，使现代的农民专业合作社区别于传统的社区型生产合作社、供销合作社与信用合作社。改革开放以来在农村普遍涌现的从事蔬菜、西瓜、苹果、小麦、棉花、蘑菇等种植农户，或从事蛋鸡、肉猪、奶牛、水产品等养殖户之间的各种同业合作社备受欢迎。在专业合作社中，由于农户从事同一产业，大家遇到的困难相同，需要的专业技术、专用生产资料相同，产品的市场走向一致，从而产生需求的合力，容易形成服务的规模效益，能有效地降低农户的产、销成本。一个合作社直接联系与本专业有关的科研、教学单位，直接联系厂商、专业市场，直接接受政府产业指导，减少了中间环节的盘剥或部门之间的扯皮现象，提高了服务的效率，使成员分享到工商利润。

7. 优秀的管理人才是重要条件

农民专业合作社的发展壮大既要依靠机制的保证，也要依靠科学的管理、依靠人才。凡是成功的农民专业合作社，必然有一个或者一组精明能干的管理者。成功的专业合作社最可贵的经验是利用了现代管理资源，使精明能干的管理者的智慧变成成员的群体行动，通过"共享智慧"提高每一户农民成员的管理能力，从而大幅度地提高农民专业合作社的生产能力。

可以看出，我国的这种农民专业合作社的组织形式，既不同于经过近200年发育成长的欧洲农业合作社，也不同于亚洲其他国家和地区的农业合作社，更不同于中国计划经济条件下的传统合作社，这种农民专业合作社实际上是一种成员主体身份明确，产权关系清晰，服务内容灵活有效，权利与义务对称，管理科学的现代农业企业组织。

三、我国农民专业合作社发展中存在的问题

(一)对农民专业合作社的思想认识不足

首先，部分领导和基层干部对发展农民专业合作社的重要性认识不足，对其推动农业现代化、产业化的作用产生质疑，认为其可有可无或将其等同于20世纪五六十年代的人民公社，往往使农民专业合作社流于形式，任其自生自灭。这样必然会影响政府扶持政策的有效落实，阻碍农民专业合作社的健康发展。

其次，无论是行政领导还是普通农户都对农民专业合作社的本质认识不够科学和彻底。农民专业合作社是农民自愿加入的自主、自治的经济组织，虽然目前多数农民专业合作社由于力量薄弱而依托于政府部门或龙头企业，但它并非官办或企业的一个代理机构，它的主体是农民而非政府或企业。保护农民的利益，提高农民的收入是其基本原则与目标。然而政府部门往往过多干预甚至包揽农民专业合作社的活动，农民很少能参与管理，民主管理的原则形同虚设，农民专业合作社成了政府的一个分支或"二政府"，从而脱离了民营化的运行轨道。

(二)进入门槛有抬高的趋势

农民专业合作社是农民自愿联合、民主管理的互助性组织，主张入社自愿、退社自由，在成员准入条件上基本对农民没有限制。但在实际的操作过程中，一部分农民专业合作社(尤其是发展到一定规模的合作组织)有准入的条件限制。如浙江省温岭市绿牧草鸡产销专业合作社规定，年销售30万只鸡以上规模的或年饲养量5万只鸡以上规模的农户才能入社。温岭箬横西瓜

合作社更是于 2006 年年初出台了一条新规定：凡申请入社者需考察一年。这一系列准入条件实际上使合作社成了某些专业大户、农村能人的联合体，而把一些小规模的农户排除在外，从而使有更多需求的小规模农户得不到合作社的有力支持。这在一定程度上是合作社发展的必然结果，因为合作社需要资金的运转与积累，而且越发展到一定规模，对资金的需求也越大，而在合作社的资金来源中，成员股金是相对较稳定、较容易获得的一部分，因此随着合作社的壮大，对成员的进入门槛也相对提高了，这也是经济竞争的结果。

(三)规模偏小，实力偏弱

自 20 世纪 90 年代以来，我国各地组织发展的农民专业合作社有生有灭，近年来采取有力措施实现了较快发展，但无论是农民专业合作社家数，还是注册资本、入社社员、带动的农户都很有限。从总体上看，农民专业合作社目前还处于起步阶段，无论从发展的规模、数量，还是功能作用的发挥等方面，都还是低层次的。以浙江省为例，农户覆盖面不大，合作社股金也大都在 10 万元以下。农民成员在 30 户以下的占总家数的 40% 左右；注册资本在 5 万元以下的占 20% 左右，5 万—10 万元的占 22%；只有 21.6% 的农民专业合作社开展了增资扩股；只有部分农民专业合作社建立了公积金、公益金和风险基金，相当部分的专业合作社依靠政策扶持生存。合作组织规模过小带来一系列的问题，如资本积累慢、实力弱，应对市场风险的能力差，很难形成产品规模和提高产品质量等。这些都是农民专业合作社进行产业化经营、提高规模效益的障碍。

(四)产权及治理结构不合理

从大量调查情况来看，大多数农民专业合作社的产权结构以领办大户、牵头企业、机构或市场组织等经济实体为主要投资者，部分农户参股。这就呈现出比较显著的少数股东持有多数股份的格局。以浙江省为例，在全省 66 家样本合作社中，63.64% 的合作社的前 10 大股东的股本占总股本的一半以上。虽然 2004 年底颁布的《浙江省农民专业合作社条例》规定，"从事生产的社员认购股金应当占股金总额的一半以上。单个社员或者社员联合认购的股金最多不得超过股金总额的百分之二十"，各合作社也进行了相应调整，但少数股东持有多数股份的局面仍然显著。总的来看，在大部分农民专业合作社中，资本仍占控制地位，这也就决定了资本所有者与一般社员的身份难以等同，也就无法拥有同等的话语权，因而农民专业合作社往往被核心成员(发起者、领导者、大股东)当作企业来办。有些合作社过于股份化(资本化)

的色彩已经使自身严重偏离了合作社的本质规定性以及可能的腾挪空间,严重偏离了合作社固有的公平的原则。

(五)内部运行机制不够完善

近年来,虽然许多省、自治区、直辖市相继颁布了农民专业合作社的有关条例,《中华人民共和国农民专业合作社法》也于 2007 年 7 月 1 日起施行,使农民专业合作社的组织内部运作逐步走向法制化与规范化。然而真正参照这些条例或法律登记与管理的合作社屈指可数,有些专业合作社即使设立了成员代表大会、理事会、监事会,也是流于形式,形同虚设。内部的日常运作往往由个人或少数人(领导者或大股东)说了算,一般成员很少参与管理。基于自身的利益考虑,这些少数领导者往往不会真正落实利润返还机制与"二次分配",这就必然会损害农民的利益。此外,多数农民专业合作社都缺乏资金积累机制与风险保障制度,没有形成利益共享、风险共担的紧密型利益共同体。

(六)产品科技含量低,产业链不长

农业产业链短、农产品附加值低、产业化经营程度低等问题一直以来都是阻碍农业发展的根本问题。农民专业合作社经过 10 多年的发展已有少数合作社成功地建立了自身的产业链,实现了生产、加工、销售一体化经营,但整体发展水平还不高,绝大部分农民专业合作社结构松散,以解决初级农产品销售为主要目的,没有形成自身的产业链,产业化程度很低。如浙江省只有 30%左右的农民专业合作社开展引进推广新技术和新品种,只有 16%的农民专业合作社开展了农产品深加工,而开展标准化生产、产品注册商标、产品获得认证和产品获得国家、省、市、县级名牌产品称号的农民专业合作社只分别占总家数的 38%、39%、29%和 17%。

(七)资金短缺,融资难问题突出

随着农业结构调整的深入和农业产业化经营的不断发展,农民专业合作社的生产规模日益扩大,对资金的需求量大幅度增加,贷款难的问题越来越突出。农民专业合作社的资金主要来自于成员出资与自我积累,然而部分合作组织(特别是专业协会)并不要求成员出资或只交少量会费,而且也没有规定资金积累。这类没有资金存量的组织也难以获得贷款。农民由于其房产、土地等权证不齐,又没有其他经济组织为其提供担保,也没有足够的资产去抵押。农村金融机构受农户分散、涉及面广、贷款额度小、农业风险大等多种因素制约,又出于资金安全考虑,对农民专业合作社的贷款趋于保守和刻板,甚至是"惜贷"和"畏贷"。

资金的短缺已成为农民专业合作社发展壮大的"瓶颈",严重阻碍了合作社的投资力度和发展规模,也制约了合作社对成员的资助。像浙江省只有占 30%左右的农民专业合作社有银行贷款,且其中大量的还是以个人名义取得的。

(八)政府优惠政策难以落实到位

随着《农民专业合作社法》的颁布实施,合作社的发展引起了各级政府的高度重视。各级政府纷纷出台政策扶持合作社的发展。然而在实践过程中,许多政策没有得到很好地落实。如在《农民专业合作社法》中有规定,农民专业合作社有许多税收优惠政策,但由于税收管理体系上缺乏可操作性的具体程序、相关规定及农户分散经营等原因,实际上难以落实。比如浙江省政府文件中规定对农民专业合作社实施低息贷款政策,但农民专业合作社能得到低息贷款的只有 16.1%。农民专业合作社向农民购进农产品难以取得有效的完税凭证,部分收费站仍对规定免费的鲜活农产品运输车辆收取通行费等等。同时,税收优惠政策各地执行不统一,造成许多合作社不敢建账,担心健全的财务制度会被作为征缴更多税收的依据;用地困难成为合作社的发展瓶颈;用电优惠政策得不到落实使合作社运作成本较高,发展受困;农业保险等未得到解决,使合作社有后顾之忧。

(九)管理体制不顺畅,形成多头管理

虽然许多省、自治区、直辖市相继颁布了农民专业合作社的有关条例,《农民专业合作社法》也于 2007 年 7 月 1 日起施行,但在规范以及登记上仍存在不少问题。相对于农民专业合作社来说,农民专业协会在登记上存在更多问题,有些登记于民政部门作为社团组织,有些登记于科协或农业管理部门。而有些农民专业合作社依托于多部门组建,如依托于农业部门、科协、供销社、农技站、村级基层组织等,因此在具体的管理上出现了多个部门涉足的局面,而各个部门之间由于界限分明,职能不同,在政策的落实以及管理上往往存在着矛盾,难以统一与协调。

第五章 我国农民专业合作社典型案例分析

案例一：浙江省台州市农民专业合作社

一、合作社的基本情况

台州市地处浙江省中部沿海经济发达地区，是一个拥有 9418 平方千米陆地面积和 7316 平方千米海域面积的地级市。台州市农民专业合作社起步于 2000 年。截至 2007 年 6 月底，全市已有经工商部门登记注册并取得经济法人资格的农民专业合作社 671 家，注册资本 15637 万元，入社成员 4.6 万多户，带动农户 25 万户，基本覆盖了台州市种植业、养殖业、海洋渔业等 20 多个特色、主导产业。市级规范化合作社总数达到 231 家，有 25 家合作社被认定为省级示范性合作社。台州合作社的发展一直走在全国前列，合作社已成为该市现代农业建设的重要主体。合作社品牌建设不断推进，共注册商标 585 个；获浙江省著名商标 5 个、台州市著名商标 8 个；农产品获浙江省名牌产品 5 个，台州市名牌产品 10 个，中国有机食品认证 21 个，绿色食品认证 68 个，国家无公害农产品认证 88 个。2006 年全市合作社实现销售收入 30.5 亿元，返还成员盈余 2.6 亿元。台州市农民专业合作社经历了起步、发展、规范三个阶段，呈现出良好的发展态势，产生了一大批经营规模较大、产业带动能力较强、带动农民增收明显的骨干合作社。

台州市农民专业合作社的建立，是继家庭承包经营之后农村又一项经营制度的创新。它标志着我国农村新型合作社在经济发达地区的兴起。合作社的建立，使新阶段农村面临的一些难题，如小农户与大市场的矛盾、农产品"卖难"、农民增收缓慢，以及一些农村社会问题有希望得到解决，并提供了一种制度条件。台州农民专业合作社的有关人员深有体会地说，办好农民专业合作社是当前农村的一项"希望工程"，是解决"三农"问题的一个"抓手"。目前，台州市比较规范的合作组织还不多，时间也不算长，但几年来的实践证明，合作社在使农民适应市场、组织农民进入市场、提高市场竞争力以及增加农民收入等方面，优势十分明显。

二、合作社取得的成效

(一)改善了农业基础设施

为保证农产品质量和稳定的农业产量，合作社致力于兴建农业生产基地，在局部范围内改善农业基础设施。如三门县富达果蔬专业合作社投资30余万元用于3200亩生产基地的基础设施建设；三门县旗海海产品专业合作社投资近60万元，进行养殖场进排水系统建设和养殖(培育)池建设；玉环县漩门湾果蔬专业合作社承担了1.5万亩的盐碱地改造工程，目前已改造完成8000亩，建生产基地2300亩，农业观光园区300亩。

(二)解决了农民"卖难"问题

合作社作为小规模分散经营农户联合的自我服务组织，首先提高了农民进入市场的组织化程度，解决了分散的小农户同社会化大市场的对接问题，找到了产品销路。在台州农村，到处都有通过建立合作社化解农产品"卖难"的故事。临海市是"无核蜜橘之乡"，主产地涌泉镇种植柑橘2.8万亩，年产3.5万吨，在省内颇有名气。但由于柑橘收获期晚，产地远离大城市，农户主要靠坐等客户上门收购，如遇寒潮冷雨，柑橘不能及时卖出去就要霉变，致使农户利益受损。如20世纪90年代末期，许多上等柑橘卖不出去，农民含泪把一筐筐柑橘倒进灵江。2002年秋，当地橘农成立了"涌泉柑橘合作社"，合作社在扩大种植面积、引进新技术、大抓标准化生产的同时，花大力气开拓市场，先后在上海市、杭州市等地建立销售网点，形成了稳定的销售渠道，使柑橘成批次地进入大城市市场。2003年8月，合作社办起了占地6000平方米的果品交易市场，年交易量5000多吨，当年柑橘销售是2002年的2.5倍，每千克销售价格达20元，高出普通蜜橘数倍。当地有关部门调查，2003年涌泉柑橘合作社的106户成员，仅柑橘一项人均增收1400元。

大量事实说明，建立合作社不是一种时髦，是生产经营发展的需要，是产品"卖难"逼出来的。台州市几乎所有的合作社开始都是为解决产品"卖难"而建的。合作社也正是由于解决了"卖难"，农民得到了实惠而兴旺发达起来的。当地大宗的特色农产品，从传统的柑橘、杨梅、茶叶、草鸡到新发展起来的西瓜、西兰花等都建立了一些专业合作社。可以说，合作社最大的吸引力和贡献,首先是解决了产品销售问题,反过来又促进了生产的发展。现在,台州的合作社普遍在建立和扩大各类生产基地,产销两旺,前景看好。

(三)带动了农业产业发展

合作社把分散的农户集中起来,采用先进生产设备,实现规模经营。目前,台州市的农业生产结构能够充分发挥当地的资源优势,因而养殖业和高价值作物获得空前发展。与 1978 年相比,水产养殖面积增长了 4 倍多,水产品总产量增长了 11 倍,水产品总产值已占到农、林、牧、渔总产值的 52.5%;水果种植面积增长了 6 倍多,产量增长了近 20 倍;蔬菜种植面积增长了 32 倍,产量增长了近 30 倍;畜牧业总产值增长了 20 多倍。具有优势的特色经济产品如水产品和瓜果蔬菜的产值,已占到农、林、牧、渔总产值的 74.2%。台州农业充满了生机和活力。

台州农业结构的调整,在相当程度上依靠市场的力量,合作社则发挥了重要的作用。全市农村已经有几种形成规模、具有较大优势或成为主导的产业,大多是合作社带头发展起来的。台州市农民专业合作社建立的各类生产基地,基本上覆盖了全市柑橘、蔬菜、杨梅、西瓜等 20 多个主导特色产业和产品。如三门县丰安粮油专业合作社,拥有成员 269 户,遍及浬浦、健跳、六敖、沿赤等 4 个乡镇,带动粮农 2500 户,辐射三门县 9 个乡镇,建成了 3 个无公害稻米标准化生产基地,粮田经营总面积 6079 亩,年粮食总产量达 3238 吨。浙江大红袍水果专业合作社,现有成员 173 名,枇杷种植基地达 5800 亩,在福建福清、浙江千岛湖、安徽贵池、浙江临海汛桥等地建立种植基地。临海上盘西兰花产销合作社现有成员 864 个,其中种植农户 841 个,加工企业 12 家,运销大户 10 位和中介服务组织 1 家,固定资产 1385 万元,建筑面积 24930 平方米(其中冷库面积 5540 平方米)。无公害西兰花种植基地达 5500 多亩(遍布台州各县、市),并通过全国无公害农产品认证。在合作社的带动下,以临海市上盘镇为中心的沿海西兰花基地已发展到 10 万多亩,占世界总产量的三分之一,60% 的产品出口到日本、马来西亚、韩国、加拿大等国外市场,在日本市场占有率达到 22%;在国内,上盘西兰花也一路绿灯,进入北京、上海、广州等大城市。

(四)促进了农业科技投入

随着合作社规模的扩大,针对产业和产品结构变化的需要,合作社对农产品的科技研发越来越重视,尤其在种子、种苗研发和引进方面,许多合作社扮演了急先锋的角色,加大了对技术的投入和劳动力的培训,促进产品升级。

黄岩区路桥番茄合作社曾先后多次组织社员到杭州、山东等地参观、考察番茄的新品种及其种植技术，引进以色列良种"516"、"汉克"等20多个新品种，推广应用面积6000多亩，设立了100亩露地和温室品种试验区。同时，在番茄的育苗、大田管理等各生长阶段，该合作社5次邀请以色列专家和省、市农业专家授课，使成员熟练掌握了大棚番茄越冬栽培技术，使产品质量有了保证。

临海市涌泉柑橘合作社2002年建立，第二年就招聘了一位大学柑橘专业毕业的本科生和8名技术员，形成了新的技术队伍，并组织人员去韩国考察。建社以来已举办培训班10余期，接受技术培训的橘农达2000多人次。合作社还通过浙江省农业部门，先后5次请来浙江指导柑橘生产的日本专家，到本社搞技术培训。合作社制定了《柑橘生产技术规程》，普遍采用了高接换种、合理施肥、优化病虫防治、完整采收、示范橘园和疏果及后商品化处理等多项新技术。为了进行试验、示范，推广新技术，合作社还租赁镇里100亩土地，建了示范橘园。2003年冬，合作社又引进韩国技术建设了10亩标准化大棚橘园，通过对水、肥、光、热实行控制延长成熟期，使柑橘到春节时再采摘上市，以获得更高效益。

临海上盘西兰花产销合作社，投资建设了20多亩品种试验基地，专门筛选西兰花品种，为周边10万多亩生产基地推荐适合市场需求和当地生产的优质品种。

玉环县漩门湾果蔬专业合作社建立了文旦种子、种苗研究基地，新研究的脱毒苗黄龙病发病率是一般种苗的1/1000，文旦长势明显快于一般苗木，初挂果时间由原先的5年缩短为3年，为合作社110户成员、8000亩生产基地，以及周边地区提供优质文旦种苗。

三门县富达果蔬专业合作社建设试验基地1.6万平方米，用于试验南瓜、西兰花、黄秋葵、紫色番薯等新品种，带动农户155户，户均年收入3万元左右。

许多合作社还与科研院所直接对接，引进科研成果，应用新品种、新技术，加快了农业科研成果的转化和新品种、新技术的推广，也为自己增加和储备了发展后劲。

(五)延伸了农业产业链

群众积极性提高了，千家万户都进行原料商品生产，那么，如何进行加工、销售，就成为台州农业生产发展起来以后遇到的一个突出问题。过去，农产品主要靠运销商贩和加工企业上门收购，或与农户签订收购合同，再由加工企业加工销售，但由于产、加、销脱节，矛盾很多：一是收购压级压价；二是合同双方常常失信违约；三是加工增值与农户无缘。

随着合作社的不断发展壮大，经营范围开始从原先的生产销售逐步向生产、加工、销售一体化的方向发展，使农民有机会分享加工、销售环节的利润，从而较好地解决了这个问题。合作社的做法主要有三种：

第一，合作社自办加工企业，农民既是原料生产的主人，也是加工企业的主人，加工企业的利润一部分返还给农民，防止了加工增值的流失。眼下这种形式还不多。

第二，合作社做农户与加工企业之间的桥梁和纽带，这是目前较多的一种形式。合作社统一收购成员产品，再出售给加工企业。还有相当一部分合作社以高于市场的内部价格收购成员产品，通过分级、包装等粗加工，再出售给加工企业。在这种形式中，由于合作社作为经济法人提高了信誉和谈判地位，强化了双方的制约机制，使产、加、销环节明显趋于稳定和有效，有利于保护农民的利益。

第三，合作社吸收加工企业和运销商入股，组成新的股份合作社。通过产权形式把产、加、销环节联结起来。如浙江省温岭市箬横西瓜合作社，拥有成员152人，固定资产296万元，西瓜生产基地13个(其中本市1个、海南2个、广东3个、广西2个、江西3个、安徽1个、云南1个)，面积1.3万多亩，联结农户9200户，在国内20个省、自治区、直辖市50多个水果批发市场建立销售网点，先后在各大中城市设立150多个专卖店，为"玉麟"西瓜流通建成了一条高速通道。三门县丰安粮油专业合作社，2006年投资62万元，建成320平方米的标准厂房，引进国内先进的精米加工流水线，形成年加工精米3000吨的生产能力，并通过品牌认证等活动打开产品市场，统一品牌经营后，每千克大米市场批发价3.60元，比普通大米每千克增值0.80元，通过"合作社+公司+农户"的经营模式，真正实现了粮食生产的产、加、销一体化经营。临海市翼龙农产品合作社通过"公司+合作社+农户"的经营模式进行农产品深加工，2007年投资350多万的"热风脱水蔬菜加工"项目正在顺利进行中，项目征地10亩，建设标准厂房1200平方米，引进SHT系列热风脱水机10套，开展西兰花热风脱水加工，预计日产量1.3吨。此外，合作社还与其他合作社一起成立了"台州粮菜肉配送中心"，整合临海上盘镇一带的农产品资源，面向中小学校、高速公路服务区和超市，开展蔬菜、水产、肉类配送服务，使合作社业务不断延伸，合作社实力在不断拓展产业的过程中发展壮大。

(六)提高了产品市场竞争力

合作社的建立使台州农村商品生产上了一个台阶,集中表现在农业生产的专业化、标准化生产和品牌化经营。普遍的做法是合作社组织分户种植的农户实行统一生产标准、统一操作规程、统一产品质量标准,强化生产过程管理,积极注册产品商标,打造优质品牌,推进绿色农产品生产,从而极大地提高了农产品的质量安全水平和市场竞争能力。广大成员在合作社的统一管理下,不断改变传统落后的生产观念和生产方式,增强农产品质量安全意识,提高农业标准化生产的自觉性。

上盘西兰花重返国际市场,生动地说明了这一问题。上盘镇是我国最大的西兰花出口生产基地,早在 20 世纪末,已拥有 6 万亩种植面积,远销日本、韩国等地。2001 年出口日本的西兰花,经对方检测,以农药残留量超标为由全部退货,菜农损失惨重。第二年西兰花合作社成立后,制定了《西兰花生产技术操作规程》和《西兰花质量安全管理手册》,办了 12 期培训班,对 1600 名成员进行了培训,提高成员的质量和品牌意识。为了强化监督,合作社规定,成员只能在指定的农药供应点买药。每个供应点将每个成员的买药记录(包括药品名称、购药量、时间等)转报合作社电脑备案。合作社还把所有成员按 8—10 户编为一个片组,各片内制定联保责任,互相监督。除此以外,合作社还配有专职植保员 25 名,监测仪器 12 架,经常对田间作物进行检测,实行全方位全程监督。严格的质量标准和监督,使上盘西兰花生产迅速扭转了被动局面。2003 年日本、新加坡等 6 批客商先后来到上盘,在合作社田头现场检测,对西兰花质量十分满意,产品获准重新进入日本和东南亚市场。2004 年西兰花年出口销售额达 2 亿多元,比 2003 年增长了64%,国内销售也增长了 33%,每亩收入比过去增加了 800 元以上。目前,该合作社已被浙江省进出口检验检疫局列为出口用西兰花生产基地。

路桥"枇杷翻身"是又一个典型。路桥区桐屿镇是中国著名的"枇杷之乡",历史上枇杷总产量曾占到全国总产量的 1/4。后来产量减少,品种退化,市场份额逐年下降,到 20 世纪末跌至谷底,1 千克枇杷卖不到 2 元钱。2001 年在外地做水果生意的农民冯普德回到家乡,与 8 位枇杷种植、贩销大户发起组建了"路桥枇杷专业合作社"。合作社建立后,制定生产技术规则,大抓标准化生产,进行技术培训,实行统一管理。该合作社先后举办培训班 37 期,近 4000 名果农接受了培训,还聘请了 5 名农艺师。合作社成立一年后,枇杷产量回升,质量显著提高,还创出了自己的新品牌"绿阳青"。其产品畅销全国各地,价格一路上扬。2003 年每箱 16 只装售价达 38 元,平均每只枇杷卖到 2.40 元。特级品种"白沙"枇杷每箱 16 只装售价达 80 元，平均每只枇杷 5 元，同过去相比似成天价，枇杷生产彻底翻了身。

利用现代化手段宣传品牌，扩大影响，是合作社提高市场竞争力的一个重要方法。三门县旗海海产品专业合作社几年来先后 8 次参加了浙江农博会等大型展览和推介会，使旗海产品连续两年在浙江农博会上获得 2 金 1 银 4 优奖，2004 年又建立了"中国旗海青蟹网站"，并通过省、市、县和上海的报纸、电台等媒体报道旗海业绩，组织重大活动 60 余次，大大地提高了旗海品牌知名度。现在旗海产品已在全国 20 多个大中城市建立了销售网络，还进入了日本市场。

在台州，农民专业合作社已成为农业标准化的实施主体和绿色农产品的生产经营主体。台州各合作社已注册商标 256 个，获得中国绿色食品认证 14 家，国家无公害农产品认证 35 家，浙江省绿色农产品认证 25 家，浙江省无公害基地认证 23 家。实施标准化生产和品牌化经营，已成为合作社开拓市场、生产上台阶的一个制胜法宝。

(七)增加了农民收入

台州的实践证明，农民专业合作社能够有效地增加产品收入，降低生产、交易成本，保证农产品生产和销售，增加农民收入。

从成本角度来看，合作社统一采购供应农资、种苗，统一销售农产品，并向成员提供免费的技术指导，避免生产过程中不必要的损失，直接降低了农产品生产、交易成本。

从收益角度来看，大部分合作社在市场价格收购农产品的基础上，实行"二次返利"——即年终可分配盈余的 60%按交易额返还给成员，使成员分享了加工销售环节的收益。

从风险角度来看，合作社通过开展生产技术培训、实行标准化生产，降低了农产品生产风险；合作社统一收购成员产品，集中开发市场，实施品牌战略，解决了农产品销售难问题，降低了成员的销售风险。

在合作社的带动下，成员增收明显，如 2006 年，温岭绿牧草鸡产销专业合作社，118 户成员中年收入最低的成员也达到 2.47 万元，有 18 户年收入超过 10 万元；三门县丰安粮油专业合作社，实现纯利润 8.69 万元，按 30%提留公积金、公益金、风险基金后，余下的按成员交货额的 70%和成员股金额的 30%进行利润分配，成员每亩粮食生产成本比当地非成员农户节省 178.2 元，成员还通过"二次返利"，每 50 千克稻谷产值净增 11.60 元。

(八)增强了农业综合实力

目前，台州市农民专业合作社的触角除了已基本覆盖种植业、养殖业、海洋渔业等主导特色产品外，有的还延伸到粮食种植、农业服务和生产要素领域，如农机服务合作社、劳工服务合作社等，合作的层次逐步提高，规模和实力也在不断增强。2004年，全市出现了20多家产值上千万元的农民专业合作社。台州农民专业合作社的建立，虽然只有七八年时间，但在增强农业综合实力，提高农产品质量安全水平和市场竞争能力，以及增加农民收入等方面，成效越来越明显，影响越来越大。近几年全市农业生产年增长率达7.3%，农民人均纯收入保持在7%—8%的增长速度。

2004年第14号台风"云娜"正面袭击台州，给当地农业生产造成了直接经济损失2669亿元。在自然灾害面前，合作社充分发挥了组织互助性，依靠合作的力量，共渡难关。台风来临前，合作社迅速制定紧急预案，发动成员做好防台风准备。仙居县仙黄鸡产销合作社，组织30多名技术人员深入到5个乡镇的饲养基地，指导抗灾工作；临海市涌泉柑橘合作社紧急发放5万元救灾资金，132名成员都领到了200—800元不等的救灾补助；临海市洞林果蔬合作社在第一时间组织成员开展自救技术培训；路桥区大红袍果业合作社，紧急下拨了160吨化肥补贴给400多名成员进行复土施肥……在自然灾害面前显示了合作社的抗灾救灾能力。与此同时，各级政府把各种社会救助、政府资金支援通过合作社渠道及时输送到位，增强了合作社的生产自救能力。农民专业合作社成为台州农民抵御自然灾害和发展生产的新的得力主体。

解决"三农"问题，说到底是要发展农村生产力，增加农民收入，实现农村经济社会的繁荣和协调发展。由于"三农"问题的产生具有深刻的经济、社会原因，解决"三农"问题必须由国家从宏观层面上调整工农关系，改变城乡二元结构，并实行政策倾斜和经济支持；但同样重要的是，还要依靠亿万农民自己的力量。因此，培育适应市场经济需要的、具有活力的市场主体，创新农业经营机制，完善和强化农村内部的造血功能，最大限度地动员起每一个农民来改变自己的命运，已成为解决"三农"问题的一项重要任务；而广泛地建立合作社组织，是实现这一任务的重要途径和组织载体，也是维护农业生产和农民利益的一种长效的制度性举措。这已为经济发达国家的经验所证明。台州市农村新型合作社的兴起和实践，在这方面给我们提供了重要的启示。

台州市农民专业合作社的产生和发展，给人们一个深刻的印象是，在市场经济大潮面前,已经从事商品生产的农民,为了摆脱家庭经营分散、狭小的弱势地位,他们必然选择联合起来,进入市场,应对竞争。新中国成立后的 50 多年间,农村合作组织的发展经历了建立——解体——再建立的过程,似乎是绕了一个大圈又回来了。但是,台州市这一次合作社的兴起,不是简单的重复,而是实现了一次新的飞跃:一是合作社的产生具有深刻的经济、社会背景,它是商品经济和市场化发展的产物,也是农民的自发行动;二是合作社基本上都是服务型的,并以流通服务为主;三是合作社不触动以农民私有财产和家庭作为基本经营单位的体制;四是合作社充分体现了"民办、民管、民受益"的原则,成员是合作社的主人,决定着合作社的存在、发展和未来。

作为新型合作社兴起的背景,最重要的是合作社发展的经济、社会条件的变化,表现为商品经济和市场化发展的环境,以及变化着的经济社会结构。这既是合作社发展的动力,也是合作社健康成长的必要条件。认识到这一点才能深刻理解当前合作社发展的必然性,才能正确对待和支持合作社的发展。从台州的情况看,这种经济、社会条件足以催生和推动农民专业合作社的产生和发展。

案例二:浙江省三门县旗海海产品专业合作社

三门县旗海海产品专业合作社是一个发展起点很高、运作比较规范的合作社。几年来该社对内不断完善运行机制,加强服务和改善管理,对外实行品牌战略,拓展产品销售市场,从而实现了成员增收,促进了青蟹产业的大发展,使旗海青蟹成为市场上一个响亮的品牌。

一、合作社的基本情况

三门县旗海海产品专业合作社位于浙江中部沿海的三门县内,成立于 2001 年,由原供销社主任、商业局长叶亦国创办,是从事海产品养殖、加工、营销和为成员、养殖农户提供技术等服务的农民专业合作组织。合作社的发展速度很快,至 2004 年底,共有成员 217 户,股金 56 万元;资产总额 281.6 万元,负债总额 115.3 万元,公积金 94.7 万元;产品销售收入 1454.5 万元,利润总额 90.2 万元(含返还款);按成员惠顾额返还 75.6 万元,比 2003

年同期增长 39%；成员增加收入总计 82.2 万元，比 2003 年同期增长 36%；户均增收 3793 元，比 2003 年同期增长 32%；以销售产品和技术服务关系带动非成员产值超亿元。合作社先后被评为省、市、县示范性农民专业合作社，农业部农民专业合作组织先进单位，全国中型农产品加工流通企业。

二、合作社采取的主要措施和成效

(一)为增效而合作，在发展中不断完善和规范

三门县是浙江省海水养殖大县，海域面积近 500 平方千米，浅海面积 59 万亩，滩涂 22 万亩，海水中微生物含量居全国各海域之首。青蟹、蛏苗、白虾是三门人致富的"软黄金"。但农户的养殖规模小，组织化程度低，难以抗拒自然灾害和市场风险，这些因素严重制约着农民的增收和产业的进一步发展。2001 年 9 月，在县农业部门的引导下，由叶亦国等 13 户养殖农户建立了三门县旗海海产品专业合作社，并于 2002 年 4 月在工商部门登记注册。

合作社成立后，建立起了营销和服务机构，开展为成员、养殖农户销售产品和提供技术等服务，收到了一定的成效，到 2002 年底成员发展到 125 户。但在运行过程中，出现了股份少的成员与合作社的关系难以紧密结合、大多数成员不很关心合作社事业的现象。其主要原因是，由于当时对合作社的认识不足，在成员股金、股权设置和分配方式等方面不很符合合作社的原则。当时有一养殖大户和一法人成员的持股比例分别达 50%和 25%，合作社与其他私营股份制企业没有多大的区别，这样就很难调动成员关心合作社的积极性。

面对存在的问题，合作社理事会主任叶亦国积极研究、探索和完善合作社的运行机制，并在省、市、县农业部门的指导下，于 2003 年对原有机制着手进行调整和完善。一是坚持以专业农户为主体，规定海产品养殖农户的股金占 75%以上。现在，生产者成员的持股比例达到 83%，原从事本产业生产的法人成员持股比例也从 25%减至 1.8%。二是成员的股金设置按其生产规模来确定，但单户成员(含法人成员)最高持股比例不得超过 20%。目前，单一成员的最高持股比例为 15.2%。同时规定了产品生产规模不足一股或不愿认购一股的可联合认购股金。三是实行一人多票表决制。表决权的设置以产品规模和股份多少来确定，但单个成员的表决权不得超过总表决权的 20%。这样就较好地把利益、风险和权力紧密地结合起来，调动了决策者的积极性和责任心。四是实行盈余按惠顾额分配为主的分配方式。对成员产品先验收定级记账，以该批产品销售金额除去销售费用和合作社 4%的服务费

后的余额为结算价款。通过这一方式返利给成员的金额达到 75.6 万元，成员的主要产品青蟹平均每千克的收购价格高于市场价 3.26 元。

科学的运行机制，规范的管理模式，有力地促进了合作社的发展和壮大，得到了广大成员的积极拥护和各级领导、专家以及社会各界的充分肯定。该合作社章程的主要内容与颁布的《浙江省农民专业合作社条例》规定相一致。该社曾向省内外 20 余批次的农民专业合作社考察团介绍了做法，得到了他们的好评。中央电视台、《半月谈》以及"人民网"等众多新闻媒体都报道了该社的机制运行情况。美国合作社专家认为，该合作社的机制模式与美国农业合作社的主要模式相似。

合作社还十分重视内部管理，建立了一套完整的财务与产品购、销、调、存以及员工劳动人事等方面的管理制度，由于管理制度健全，国税部门把该社列为一般纳税人，享受了各类发票的供给和产品增值税抵扣等优惠。

(二)增强服务功能，增加成员和农民收入

合作社成立后，重点做好了一家一户不能办、也办不了的事。一是把成员组织起来，按照市场的要求组织标准化生产。合作社先后制定了无公害、绿色食品及海产品养殖规程，生产基地管理规则，养殖疫病防治办法和产品企业标准等；承担了无公害水产品养殖基地认证的申报主体，负起了无公害养殖规程的落实和检查监督的责任。主体养殖基地旗门外塘 2003 年底被省海洋与渔业局认定为"浙江省无公害水产品养殖基地"。2004 年合作社又申报了青蟹、蛏蚜 2 个产品的绿色食品认证，各项指标检测合格，已取得认证。二是发挥合作优势，降低市场风险。合作社投资了 20 多万元资金在 2002 年秋建成青蟹越冬暂养塘 180 亩。近几年来暂养农的收益也有所提高。2002 年秋由合作社采取高于市价收购青蟹暂养而拉动市价，增加蟹农收入达 600 多万元。在 2003 年秋合作社投资了 13 万元添置激光刻标设备，在优质青蟹背壳刻上防伪商标，提高了产品品位，拓展了市场，使往年夏秋滞销的大公蟹收购价格从原每千克 40 元猛升到 60 元，仅此一项就可为成员和当地农户每年增加收入 500 多万元。三是对海产品养殖进行科技研究、开发和投入。合作社先后承担实施了"青蟹越冬技术研究和试验"、省农业技术推广基金会的"青蟹人工繁殖苗种养殖技术试验和推广"和"青蟹人工配合饵料试养"等项目。通过项目的实施，掌握了有关技术资料，对提高成员养殖效益和三门青蟹产业可持续发展发挥了重要作用。四是增加投入，改善基础设施。在政府部门的支持下，合作社已投资 40 多万元进行养殖塘改造和养殖区的路、水等基础设施建设，大大改善了成员的养殖条

件。主体养殖基地旗门外塘已被台州市海洋与渔业局命名为"三门县旗门外塘锯缘青蟹养殖示范区"。

(三)抓营销创品牌，增强竞争能力

合作社十分重视市场营销工作，在县城关设立了营销部，负责开拓市场、接收成员产品和调往各地销售网点的任务，先后与上海，福建、杭州、宁波、台州等 20 多个城市的客商建立了购销业务关系，在杭州、宁波、温州等 6 城市设立了经销处(点)；实施农业部农民专业合作组织示范项目后，分别在上海、台州设立旗海青蟹销售部，在杭州设立旗海产品配送处。椒江销售部开业 10 个月销售额达到 323 万元。合作社还为杭州"联华华商"、"台州人本"、温州"好又多"等 16 家大型超市和上海、杭州、宁波、台州等地的数十家大酒店供应"旗海"牌青蟹。合作社又与浙江最大的农产品配送机构浙江农华优质农产品配送中心签订了长期供货合同，年供货额逾 400 万元。

几年来，合作社坚持品牌经营，不断提高市场竞争能力。合作社十分重视产品质量和包装的标准化，凡产品进入市场前均须经过严格挑选、分级、加工、包装。青蟹采用丝织标带捆扎，蟹背刻上激光防伪商标。合作社开发了不同规格的礼箱(盒)装。蝤蛑、泥蚶采用了经净化处理后的鲜活小包装，从而提高了产品的品位和档次，增加了产品的附加值，还推动了鲜活海产品包装的变革。合作社注册了"旗海"商标，通过精心组织参加各种大型博览会和推介会，建立合作社网站和新闻媒体宣传等，"旗海"牌产品的品牌信誉和知名度不断提高，产品先后荣获浙江农博会金奖、银奖和 6 个优质奖，合作社的品牌效应已经显现，其产品价格要高出其他单位同类产品价格的10% 以上，产品畅销于沪、浙、闽等沿海城市，并已走出国门进入日本市场。

合作社几年来的发展壮大，得益于领导成员素质好、带动力强，对成员培训的力度大、效果好。合作社理、监事会的 10 名成员中，有中共党员 6 人，担任村"两委"副职以上的 4 人，拥有助师以上的专业技术人员 4 人，他们原都是各村农民致富的带头人。理事会主任叶亦国原是三门县商业局局长、浙江省和全国商业劳动模范、经济师，1993 年辞职回乡围垦海塘搞养殖。他在担任理事会主任后，把全身心都放在合作社事业上，充分发挥了他的组织领导和经营管理才能。为了完善合作社的运行机制，他主动把自己在合作社的股金持有比例从 50% 降到 15.2%。2004 年政府下拨了 3.96 万元台风灾害救助款，尽管他自己也因台风损失较大，但没要一分救助款，而都安排给了受灾成员和弥补合作社示范基地的受灾损失。叶亦国不但被本社全体成员所信服，也成了农民专业合作事业的带头人，2004 年浙江省委授予他

"农村双带好党员"的称号。

合作社建立以来,先后组织对成员和职员进行了 10 余次培训,受训人数达 500 多人次,组织成员多次到各地参观学习。通过培训和参观学习活动,成员的养殖技术和经营管理水平有了较大的提高。从 2004 年起,该社加大了对成员培训的投入力度,把成员、职员培训作为农业部农民专业合作组织示范项目的主要内容,并投资 10.8 万元,建立了城关和养殖示范基地两个培训点,且实现了培训电教化。

案例三:浙江省庆元县百山祖香菇合作社

一、合作社的基本情况

庆元是我国香菇的主产地和主要集散地,全县 70%以上的农民从事香菇生产、经营及其相关行业活动,农业产值、农民收入的 50%以上来源于香菇。随着食用菌生产的迅猛发展及面临激烈的市场竞争,菇农分散无序经营已难以适应市场。庆元县供销社依托香菇产业优势,于 2001 年 10 月组建了庆元县百山祖香菇合作社,拥有法人成员 19 人、自然人成员 378 人,带动菇农 5546 户,涉及 11 个乡镇、81 个行政村。专业合作社针对国际市场对香菇进口的种种技术壁垒,从组建开始就坚持推广标准化理念,积极推进标准化生产和品牌化经营。

历经 7 年的经营发展,已尝到了推广标准化生产的甜头,2003 年被评为省级示范性专业合作社、丽水市十佳农民合作经济组织、庆元县先进农业龙头企业,2004 年百山祖牌香菇被评定为"浙江名牌"产品,"庆元香菇"标准化示范项目通过浙江省农业标准化推广验收,庆元县百山祖香菇合作社被确定为丽水市绿色农产品生产基地,2005 年百山祖香菇合作社被评为全国标准化示范企业、浙江省示范性专业合作社,被全国总社确定为"重点龙头企业",产品远销欧洲、日本等多个国家和地区,合作社得到了长足的发展,2007 年合作社销售香菇 1850 吨,达 10800 万元,分别比 2002 年增长52.14%和38.80%。

标准化建设的推进不仅提升了庆元县百山祖香菇专业合作社档次,促进了自身的发展,而且有力地促进了庆元县农民专业合作社标准化在全县的推广。实践证明专业合作社开展标准化生产和品牌化经营是必然选择，应对农产品国际贸易的绿色壁垒，发展壮大农业产业，保障农产品质量安全、维护公众安全和消费者利益，创立农产品品牌，必须实行标准化生产。同时，推行标准化生产和品牌化经营，可以提高产品的附加值，增强农产品在国内外市场的竞争力。

二、合作社启动推广标准化建设的背景

(一)严峻的农产品国际贸易形势所迫

随着庆元香菇生产的发展，出口贸易不断增大。但是随之而来的是欧盟、日本等贸易国的农产品绿色壁垒门槛不断增高，使庆元香菇出口一度举步维艰、无所适从。20世纪90年代前曾因香菇生产的原产地认证、国际生产质量认证等问题造成香菇出口受阻，前几年又因农药残留问题造成鲜香菇出口锐减，从而造成全国香菇销售行情大跌，2002年降到统干菇10元1.5千克的地步，庆元香菇生产量从年生产1.4亿段降到四五千万段，农民收入骤减，菇农举家外迁打工糊口。面对严峻现实，引发了农民和政府的深深思索，认识到只有通过实施标准化才能应对国际贸易壁垒。

(二)香菇产业发展壮大的客观要求

在没有香菇生产标准之前，一些菇农和销售经营者曾做过投机坑害消费者利益的事，如原材料供应者以次充好、以假乱真，造成种菇者菌棒成活率低、烂棒、产量低甚至不出菇等现象；种菇者为了香菇的颜色好，在烘烤时使用硫黄等有毒物质，在防治病虫害时使用有毒农药等；香菇经营者为追求利润掺假加水，更有甚者还出现菇脚钉钉等严重现象。这些都严重阻碍了香菇产业的发展壮大。因此，对香菇的生产、经营、消费各环节提出了推广标准化的客观要求。

(三)悠久的香菇产业的迫切需要

从出生在庆元的香菇鼻祖吴三公发明香菇以来的800多年间，香菇生产从纯自然的砍花生产至今天的人工栽培，庆元从古代香菇生产的权威地位演变为现代中国香菇城和全国最大的香菇集散地，但到20世纪末还没有一个公认的香菇生产标准，因此，为了确保香菇产业的健康发展和庆元"香菇王国"的地位，庆元县食用菌主管机构于1998年开始研究、2001年制定并由丽水市政府发布了第一个地方性香菇生产系列标准，经过两年实践修订，于2003年由国家质检总局发布了我国第一个"GB19087-2003"香菇生产国家标准，庆元香菇被确定为"原产地域产品"。

三、合作社推广标准化的具体实践

庆元县百山祖香菇合作社从组建之初就把自己定位为推广香菇标准化示范载体,从 2003 年开始实施推广香菇标准化项目。

(一)开展"冲眼球、洗脑子"活动

一是在合作社章程中明确成员必须执行香菇生产的行业标准。二是对合作社成员进行培训教育,使各类成员掌握各自环节的生产、销售及加工标准的理论和操作技术。近年共发放宣传培训资料 5000 多份,培训合作社成员 8000 多人次。三是开展实例对比分析教育,合作社每年至少组织成员召开一次生产、销售行情分析会,并组织成员现场观摩,通过实施运用标准化的正反面典型现场说教,调动成员执行香菇标准化生产的积极性。

(二)制定标准化制度,严格组织实施

一是统一产品和基地标准,合作社制定了《百山祖香菇标准化生产规程》,其中对原辅材料提出要求,印发了《香菇标准化生产十要十不要规定》,对场地、水源、所用材料和环境等提出明确要求。要求成员严格执行合作社制定的标准化操作制度,以国家标准 GB19087-2003 原产地域"庆元香菇"为产品标准。

二是统一品牌和标识,本社成员对原产地域产品生产的香菇可以使用"庆元香菇"标识,"百山祖牌"香菇获得浙江农业名牌产品标识,本社成员可以使用"浙江名牌"产品标识,并可使用获得的"浙江绿色农产品"和"无公害基地"认证的相关证书。

三是统一技术、统一服务,合作社为成员统一提供技术服务、信息服务、广告服务、销售服务。

四是统一材料供应,统一指定香菇菌种、原辅材料和香菇包装材料的供应,以保证质量和信誉。

五是加强监督。县供销社专门抽调人员对香菇合作社成员香菇生产进行全过程监督,在原辅材料供应和香菇收购环节还邀请县质监、工商等职能部门监督,严防不符合标准材料流入合作社成员的生产过程中。

六是建立标准化示范基地。从 2003 年百山祖香菇合作社实施标准化操作制度以来共投资 1240 万元,建成了标准化生产基地 12 个,生产菌棒 850 万段,带动农户 5546 户,标准化生产规模达 3880 万袋。

示范基地建设的投资重点放在环境整治、菇棚改造、山泉水引水工程及技术、信息辅导,生产完全按国家香菇生产标准组织实施。2005 年,百山

祖香菇合作社香菇标准化生产基地获得"无公害基地"认证。作为庆元县百山祖香菇合作社实施香菇标准化生产实施主体的合作社成员,在接受推广香菇标准化过程中,从"要我干"到"我要干"的转变经历了思想上、行动上的艰难过程,而活生生的实践结果、标准化生产带来的丰厚回报也正在不断感染吸引着广大菇农为之而努力。

四、困扰标准化实施的主要问题与对策

(一)经验主义思想严重

有些菇农经验主义思想严重,接受标准化知识缓慢,控制成本意识差。人工栽培香菇经历了20多年的发展,菇农已经掌握了基本技术,对宣传推广标准化总觉得是一种说教,是理论,不实用,戴眼镜的讲得再多也不如我多年的实际操作经验,种香菇像种番薯,无论怎样都会出菇,对隐形的成活率、产量、质量等重要问题却漠不关心,收成算总账,缺乏细小的成本意识和利润理念。针对菇农的现实问题,合作社在推广过程中采用现身说法、基地对比、成本知识培训等办法面对面地解决。

(二)环保意识淡薄

无公害农产品、绿色农产品、有机农产品的基础和根本是环境保护。由于菇农世代生活在农村,古老而落后的乡村大多数还处在脏、乱、差的环境里,猪圈紧靠民房,家禽在房子中放养的现象普遍存在,而这种环境对香菇生产的不良影响又不会马上显现出来。特别是菇棚环境更糟,田水喷洒苗棒、棚外杂草丛生、烂棒随意丢放等现象对大多数菇农来说早已是司空见惯、熟视无睹的事。当然这些也是标准化推广的难点。为了改变这种困境,顺利推广标准化,百山祖香菇合作社采取下列措施给予引导和改变:一是筹措资金实施山泉水引用工程,以保证其用水的清洁;二是无偿提供生石灰进行大面积消毒;三是实行菇棚改造补助,彻底改善菇棚环境。

(三)资金投入困难

从事农业产业的生产者们常说,靠种菇、种田发财难,只能维持生活,摆脱不了贫困,因而在推广标准化过程中需要大量的资金投入就成为菇农的最大问题。面对最现实的投入问题合作社也犯难,原因就在于合作社本身就缺资金,项目的实施要靠上级的扶持和社会筹措。但标准化要推广,难题要解决。对此,合作社采取了两条措施加以解决:一是协助成员与金融机构联系,争取贷款解决问题;二是积极实施项目,争取上级政府部门的扶持。

五、合作社实施标准化的成效

(一)成员间达到了合作共赢、互惠互利

由于合作社实行统一原辅材料供应、统一收购与销售,不仅保证原辅材料的质量安全和香菇产品的质量安全,而且形成了利益链。比如原材料供应商,根据事先合作社成员的生产规模统计,有计划地把原辅材料直接从厂家送到生产农户,既可节约运输中转仓储费用,又可确保资金的回笼。就装卸仓储运输费用一项,合作社成员比其他菇农每万段就可减少成本 500 元。又如种菇户,由于实施了标准化措施,直接从三个方面获利:一是苗棒成活率提高,烂菌棒减少。据调查,近年来按标准化生产,成活率提高加烂菌棒减少可减少 10%的苗棒损失,按每段直接成本 1.5 元计算,每万段就可减少1500 元的成本损失,如按每段 2.5 元产值计算,每万段可增加收入 2500 元,两项就可增加收入 4000 元。二是产量提高。从项目实施以来的跟踪统计,每段干菇产量从 63 克增加到 67.5 克,净增 4.5 克,每万段干菇产量增产 45千克,按每千克 40 元计算,每万段可增收入 1800 元。三是质量提高,销售价格也提高。从香菇市场和百山祖香菇合作社经营户成员了解,来自标准化基地的产品比一般农户生产的产品每千克销售价格高 2—4 元,按万段产量750 千克计算,销售收入可增加 1500 元以上。三项合计,扣除实施标准化生产成本提高 3%左右,每万段香菇可增加收入 5000 元。又如香菇销售经营户,有了标准化基地作后盾,有"无公害基地"的牌子和"浙江绿色农产品"的质量,无论是国内消费还是出口贸易,其路子都比其他经营户宽广,自身收益可观。

(二)促进品牌提升,带来无限商机

随着标准化的深入实施,百山祖香菇合作社的香菇产品已步入省"绿色农产品"和农业部"无公害农产品"行列,正在向更高层次迈进。可以从以下三个方面直接体现实施标准化的价值:一是标准化基地的建设带动了基地所在地的菇农标准化生产的推广。由于基地产品身价高,每个基地成了当地香菇的销售窗口,为农户带来了实实在在的实惠。二是促进出口贸易。合作社成员多年来经营出口业务,还未出现过质量索赔问题,成员经营业绩逐年增加。三是吸引了国内外出口商的入社。2005 年,正当中国香菇出口日本受农药残留问题困扰时,在庆元经营年出口香菇 400 多吨的日本朝日物产株式会社对百山祖香菇合作社标准化基地实地考察后,向合作社提出了入社的请求,经理事会同意后成了合作社的成员,在合作社的支持下取得非常好的

经营效果。

(三)推动了香菇产业"114"战略的实施

庆元县人民政府根据庆元香菇产业"适度规模、提高质量、增加收入"的发展思路，提出了全面实施香菇标准化生产的"114"战略，即从 2005年开始，经过 3 到 5 年的努力，建成 30 万段以上的标准化基地 100 个，年生产标准化香菇 2 万袋以上的重点户 1000 户，达到年标准化生产 4000 万袋的香菇生产规模。因此，百山祖香菇合作社标准化项目工程的实施，为庆元县政府香菇产业发展战略的实施起到了示范性、领跑者、助推器的作用，同时也因在政府工作中有作为而取得了在行业中的地位。

(四)促进了其他专业合作社开展标准化建设

标准化的实施，使庆元县百山祖香菇合作社成为全县农民专业合作社的佼佼者，也由于标准化的推广所带来的丰厚回报，吸引了其他专业合作社的眼球，加快了专业合作社标准化推广的步伐。

案例四：浙江省常山胡柚专业合作联合社

一、联合社的基本情况

常山县是"中国胡柚之乡"，胡柚是常山特有的地方柑橘良种。常山自然条件优越，特定的地下水文特征和土壤条件非常适合胡柚的生长，胡柚口味独特，营养丰富，有较好的医疗保健方面的开发利用价值和广阔的市场前景。目前，全县胡柚栽培面积达 12 万亩，年产量已达 12 万吨，丰产年份达14 万吨，产值超 2 亿元，占全县农业总产值的 25%以上，已成为常山农村经济支柱产业和农民脱贫致富的拳头产品。"七任县委书记一只果"，可见胡柚在常山农村经济发展中所占的重要地位。前些年，常山胡柚销售主要是坐等经销商上门收购和农村贩销户外出流动推销，商品化程度低，以散货销售为主，包装粗放，产品档次低，市场竞争力不强，柚农不仅卖不出好价钱，还不时被外地客商压级压价甚至压秤。近年来，一批新崛起的农业加工企业和日益壮大的农民经纪人队伍，在一定程度上缓解了产销矛盾，但利益分配仍不尽合理，品牌多而杂乱，强势品牌少，形不成整体合力，不但优势得不到发挥，还竞相压价，影响了常山胡柚产业的进一步发展。

2001 年以来，常山县供销社围绕胡柚等主导产业，组建了胡柚专业合作社 20 多家，这些胡柚专业合作社，在组织柚农闯市场、缓解卖柚难等方面发挥了重要作用，但普遍存在规模小、实力弱、抵御市场风险能力不强，依然面临产品科技含量低、品质良莠不齐、多品牌恶性竞争、市场波动幅度大、柚农增产不增收等突出问题。为此，县供销社组织胡柚专业合作社和农民技师成立胡柚专业合作联合社。2003 年 11 月，常山县供销社牵头成立了浙西地区第一家农民专业合作社联合组织——浙江省常山胡柚专业合作联合社有限公司。联合社实行生产、加工、销售一体化，按市场化运作，建立了科技服务中心、农资配送中心、生产开发中心和市场营销中心，实施标准化生产和品牌化经营。联合社通过三年的运作，初步形成了"联合社+专业合作社+基地+农户"的产业化规模经营体系，现已吸收 3000 余户农户入社，带动农户超万户，成员种植面积 3 万亩，2007 年销售胡柚 3.2 万吨，带动当地农业产值近亿元，为农户成员户均增收 950 元以上。先后被确认为县、市级农业龙头企业，市十佳农村专业合作经济组织，国家"星火计划"首批农村专业技术示范单位和省级扶贫专业合作社。

实践证明，合作社走向联合是一种必然趋势。单个合作社因受规模、资本等因素的制约，势单力薄，只有走向联合，才能体现合作经济的优势，促进农产品生产、加工、流通各环节资源的整合利用，实现农业产业化、规模化和标准化，提升竞争力，实现农民增产增收。

二、联合社的基本结构

联合社以胡柚产业为依托，以胡柚专业合作社和胡柚生产、经营大户为组织基础，以资本为纽带结成利益共同体的思路，按照生产、加工、销售各环节不同的能力条件，选择青石农产品专业合作社等 6 家专业合作社分别作为联合社科研、生产和加工销售环节的核心成员单位投资入股，县供销社作为发起单位入股，吸收农民技师作为自然人入股，进行工商注册登记，注册资本 110 万元，其中农民专业合作社股本 32 万元，约占总股本的 30%。为发挥好联合社外联市场、内联基层组织和农户的作用，联合社按生产、加工、销售一体化和实体化运作的思路着力构建"四大中心"：科技服务中心、农资配送中心、生产开发中心和市场营销中心，并确定联合社的经营范围为：胡柚、柑橘的种植、加工、销售；农业机械、中小农具、化肥、农药的销售；包装物料的销售；农业技术的咨询、服务；其他农副产品的购销（国家政策允许范围内）。

三、联合社采取的主要措施和成效

(一)发挥科技服务中心作用，打造科技、信息服务平台，开展生产技术培训和《原产地域产品保护办法》的实施

联合社先后与"农技110"、"农民信箱"对接，建立农产品信息网，为成员社提供便捷的技术、市场等信息服务。每年举办三期以上胡柚生产管理技术培训班，对胡柚产前、产中、产后各环节进行分类技术培训和指导。开展《原产地域产品保护办法》的贯彻实施工作，积极申报原产地域保护产品(地理标志产品)标志使用权。青石农产品等10家专业合作社先后通过了国家质检总局审查，获得了常山胡柚原产地域保护产品专用标志使用权，为联合社产品质量的提高打下了良好基础。

(二)发挥生产开发中心和农资配送中心作用，探索标准化技术实施推广工作，抓好示范基地和鲜果商品化处理中心建设，指导成员社开展生产经营

(1)针对农村劳动力大量外出，胡柚地疏于管理的状况，从2004年开始自发成立农民科技服务队(又称"胡柚保姆")，通过统一培训，每年组织50多人在全县10多个乡镇开展田间指导，帮助成员累计整枝修剪柚树3万多亩，配送复方有机肥2000余吨，做到科技服务队走到哪里，生产管理技术传到哪里，优质有机肥、环保农药推广到哪里，有力促进了胡柚标准化技术的推广和胡柚品质的优化改良。

(2)充分整合利用供销社闲置场地，大力建设胡柚鲜果商品化处理中心，提高胡柚鲜果商品化程度。先后有10多条胡柚清洗、分段、打蜡、包装生产线建成投产，年处理胡柚商品果能力达6万吨。

(3)开展标准化胡柚生产管理技术的实施推广工作，抓好胡柚标准化基地建设。先后建立标准化示范基地1000亩，建立基地生产管理田间档案(施肥、除草、除虫、喷药、整技、修剪、套袋、采收、保鲜、贮藏等)，邀请省有关专家到生产基地进行实地考察指导，帮助成员社做好绿色农产品认证等工作。据统计，近年来共有10多家成员社获产地认定或产品认证，其中获得无公害农产品认证的有10个，正在申报绿色食品认证的有2个，申报有机食品认证的有1个。

(三)发挥市场营销中心作用，加强成员社之间的联系，促进合作与联合，推行品牌战略，共同应对市场风险，提高产品竞争力

1. 统一标识和包装

改变五花八门、各自为战的包装形式，统一使用"常山胡柚"商标，并使用统一规范的文字、标志、标签等。实行联合社所有成员都使用统一设计制作的包装。

2. 加强与铁路货运部门的联系

加强与铁路货运部门的联系，达成在铁路运价下浮的基础上，优先为各专业合作社提供车皮、集装箱、零担运输等服务的良好合作关系；与衢州等周边果品交易市场达成合作意向，为专业合作社进场交易提供优惠条件。

3. 组织参加各种推介、展示活动

组织参加各种推介、展示活动和农业博览会的参展、参评工作。如大宝山专业合作社近年来打响了"大苞山"品牌，产品供不应求；青石农产品专业合作社生产加工的"阿冬"牌胡柚果脯已通过国家 QS 质量认证，成功进入杭州、上海等市场。近几年来，先后有 4 个成员社的 5 只产品获得名牌称号，其中市级名牌称号产品 3 只，省级农业博览会金奖产品 2 只。

(四)积极争取和贯彻落实政府有关扶持政策，反映成员社的需求，维护成员社的合法权益

1. 主动为各成员社争取各类扶持政策

近年来共为成员社争取政策性用地 50 余亩，争取国家级扶持资金 30 万元，省级扶持资金近 100 万元，县级扶持资金 50 多万元，省低息扶贫资金 150 万元。

2. 全力维护成员社的合法权益

2004 年联合社科技专家成功处理了一起柑橘保鲜剂药害认定事件，避免了成员社 4 万余元损失。在胡柚运输和交易环节中，难免会出现纠纷，联合社都尽力帮助联系协调解决。

3. 设立胡柚促销专项帮助资金

在胡柚销售季节，为帮助各成员社解决生产经营旺季资金周转困难，设立促进胡柚销售专项帮助资金，促进胡柚销售。近年来共帮助成员社解决周转资金 200 余万元。

案例五：浙江省云和县农产品专业合作社

一、合作社的基本情况

云和县农产品专业合作社是县供销社带领 305 户农户于 1999 年初经工商部门登记创办的。几年来，合作社围绕打造当地农业主导产业，通过实行标准化生产和品牌化经营，取得了带动一个产业、振兴一方经济的效果。合作社于 2002 年率先在全省农村专业合作社中通过 GB/T9001 国际质量体系认证，其注册的"山兰"商标被评为浙江省著名商标，其主要产品"山兰"牌黑木耳被评为浙江名牌产品，近几年的销售额每年保持在 5000 万元以上，2006 年达到 5800 万元，创利税 56 万元，基地面积 1.3 万亩，带动农户 2100户，直接为农民增加经济效益 1700 余万元，还先后获得"浙江省示范性专业合作社"、"浙江省农副产品加工龙头企业"、"浙江省优秀农民专业合作社"及"全国供销社系统先进集体"等荣誉。

二、合作社采取的主要措施和成效

(一)坚持标准化生产，实行一体化经营

合作社的主要业务是帮助成员生产、加工和销售香菇、黑木耳。305 户成员分散在全县各地，主要以家庭为单位进行生产，规模小，条件差，设施简陋，科技含量低。这种小农生产方式很难保证产品的质量和安全，特别是在我国加入世界贸易组织以后，一些国家设置技术贸易壁垒，导致我国食用菌出口业绩连续几年下滑。这就要求合作社必须把菇农组织起来，改变过去各自为战、杂乱无章的状况，建立完善的标准体系和严格的检验监督制度，通过实施标准化生产来提高食用菌质量，保证安全卫生生产，以此来扩大产品出口，真正实现菇农增产增收。

1. 宣传标准化知识，提高标准化水平

合作社成员都是在食用菌生产上摸爬滚打多年的能手，但对什么叫标准化、标准体系、世界贸易组织、技术壁垒等等一些新名词、新知识不甚了解。针对这一情况，他们采取了走出去、请进来的办法，强化对农民成员标准化生产知识的培训。走出去就是组织合作社里有一定文化水平的成员参加省、

市、县有关部门举办的标准化培训，通过他们来带动其他成员；请进来就是请一些专家分期、分批到成员所在的乡村给成员上课。通过双管齐下，提高了成员的标准化水平。

2. 制定产品标准，开展标准化生产

一是搞标准化生产试点。先后在云丰和黄源两个乡进行试点，试点基地严格按有关标准化技术规程生产，从菌种选育管理、水质、原材料、生产环境的检测化验都要达到目前国际同类产品标准，连同包装、储藏、销售均实现标准化。二是通过总结标准化生产的经验，不断健全和完善标准化生产体系。三是通过两年的试点，于 2001 年 10 月制定了"山兰"牌黑木耳和"山兰"牌香菇的地方标准。从此合作社从菌种的制作、种植、生产、加工、销售都有了一系列严谨的操作规程，建立了"农田到餐桌"全过程的管理监督制度。

在实施标准化生产过程中做到：一是强化源头管理，净化产地环境。采取有效措施，加强对食用菌产品产地环境和加工场地的监测，加强供水水质的管理，严格禁止使用未经处理的污水、废水。重点解决农药污染，大力推广应用臭氧灭菌机、紫外线等物理方法进行消毒、灭菌、杀虫，加大食用菌生产环境的评估力度，确保产地环境符合食用菌的产品质量安全要求。近几年，随着本地资源的逐步减少，不少成员背扛行李，袋装"山兰"牌黑木耳地方标准走南闯北，上湖北、下广西、走四川，在全国各地从事黑木耳异地开发，产地发生了变化，但标准始终不变。二是严格投入品的管理。大力推广应用环保型农资投入品，推广先进的病虫害综合防治技术，杜绝使用国家明令禁止的农资投入品行为，确保产品达到无公害标准。三是加强产品质量全程监测。要求生产基地、加工企业严格执行卫生管理制度，栽培操作规程，全面进行产地环境、生产过程和产品质量的检测。由于严格坚持标准化，产品检测年年合格，从未发生消费者投诉事件。

3. 以产品的标准化促进企业的质量管理

标准化是现代化、集约化生产的重要保证，是加快企业技术进步，加强科学管理的重要手段。与实施"山兰"牌黑木耳、香菇地方标准同步的是合作社开展企业的标准化建设。2002 年率先在全省农村合作经济组织中开展 GB/T9001 国际质量体系认证。质量管理体系的运行、标准化生产的实施，使合作社的食用菌生产、加工产品质量始终保持优质，"山兰"牌黑木耳连年获得浙江省农产品博览会金奖，深受国内外消费者的青睐。

(二)实施品牌战略，提高市场竞争力

农产品品牌有助于开拓农产品市场，提高竞争力，增加农产品附加值，从而促进农产品生产经营的市场化。要对农产品进行品牌化经营，首先就要进行合理的品牌定位，创建良好的品牌名称并采取适当的品牌运营策略。

黑木耳种植在云和县已有 30 多年的历史，独特的地理环境和适宜的气候条件使这个县成为黑木耳生产大县和集散地。但云和地处偏远山区，交通、信息、人才各方面条件的制约，使黑木耳这一浙南奇葩不能展现在世人的面前，致使生产一直在低水平中徘徊，销售不畅。针对这一情况，合作社成立以后就认真落实品牌战略，狠抓品牌建设。

一是注册商标。"山深蕴独秀，兰花香四海"这是古代诗人赞美兰花的词句，他们取两句中的第一字"山兰"为商标，寓意木耳生产在深山，但它香似兰花，清香隽远。"山兰"商标除黑木耳以外，还包括冬菇、干香菇、干食用菌和干蔬菜。

二是制定了"山兰"牌食用菌的地方标准，使得"山兰"牌食用菌从菌种制作到完成产品的全过程均严格按标准生产，从而保证了品牌的内在质量。

三是改善了产品的包装。以前农户卖黑木耳都是用塑料袋，既土气，又难看，体现不出应有的价值。合作社成立后，为适应市场的需要，请专业人员为"山兰"牌黑木耳进行形象设计，统一负责制作五种精美的包装，穿上新装的"山兰"牌黑木耳，走上大市场，人见人喜欢。

四是给"山兰"牌黑木耳注册了条形码，为"山兰"牌黑木耳进军大都市领到了"身份证"。

五是充分利用各种媒体，积极开展品牌宣传，树立品牌形象。

六是扩大营销网络。这是提高"山兰"牌黑木耳知名度的重要途径，也是企业提高市场占有率的关键所在。合作社除在本地设立专营店，还在丽水、杭州、宁波、上海等地开店设点，同时还利用县供销社的香菇市场吸引广东、福建、上海等 600 余家客商到场经营，产品远销日本、东南亚。

由于"山兰"牌黑木耳近几年的品牌效应，云和县已成为黑木耳生产、销售的集散地，黑木耳的种植面积也从 2000 年的 0.6 万亩发展到现在的 1.3 万亩，从业人员也在逐年增加，现在全县有 40% 的农民从事黑木耳、香菇的生产。通过专业技术培训的"云和师傅"在全国各地按照"山兰"牌黑木耳的地方标准生产黑木耳，把生产的黑木耳从全国各地运回云和，经过加工筛选，"山兰"牌黑木耳又源源不断地从云和走到世界各地。

案例六：重庆市璧山县早丰莲藕产销专业合作社

一、合作社的基本情况

重庆市璧山县健龙乡，地处该县南端，境内水资源丰富，以盛产莲藕闻名，老百姓素有种植莲藕的习惯，特别是种植的"双季莲藕"扬名全国。在各级政府和农业部门的引导下，由种植大户、技术能手和农产品运销大户牵头，于 2000 年 8 月成立了"重庆市璧山县莲藕协会"。为适应市场经济的发展，在 2003 年 7 月又重新组建了"璧山县早丰莲藕产销专业合作社"。该合作社依靠科技创新，探索总结出独有的一套莲藕生产技术，在提高莲藕产量质量方面成效显著，并培养出一大批种植技术能手，到全国各地扎根创业，积极推广"双季莲藕"栽培技术，促进了土地规模经营，活跃了劳务经济，带动了当地群众致富。

合作社目前有成员 280 人，带动市内外 5000 多农户发展莲藕生产；莲藕种植面积 1 万多亩，标准化生产基地面积 300 亩；年销售莲藕 1.26 万吨以上；总收入在 2530 万元以上，销售收入 2500 万元以上，经营纯收益 50万元以上，拥有固定资产净值 3.69 万元。2006 年入社成员同比增收 18.21万元，人均增收 8900 元，而当年健龙乡的农民人均纯收入仅 3000 元。除成员各自的出资额和量化的公积金份额外，成员对合作社的所有资产都平等享有占有、使用和处理的权利。合作社收购成员的莲藕时，参照市场价按不低于合同约定的价格与成员进行现金交易；年终再依据合作社的盈利情况与成员交售给合作社的莲藕交易额返还利润给成员；并按照成员入股份额进行分红。合作社的建立和发展，在组织农民闯市场、解决莲藕销售难题、促进农民增收、普及农业科技、促进农村土地流转等方面发挥了积极的作用。

二、合作社采取的主要措施

(一)加大投入，扶持合作社发展

合作社在发展过程中得到了县委、县政府与县农业主管部门和健龙乡政府的大力支持。在合作社进行工商登记之后，县政府首先拨款 5000 元用于合作社的早期建设，乡政府拨款 2 万元支持合作社的道路建设，县农业局派出技术骨干对合作社成员进行技术培训和技术指导,县农经部门积极参与引导、规范合作社的发展,协助合作社拟定章程和内部管理制度,协助合作社进行工商登记、注册商标、申报无公害认证等。

(二)健全制度,规范合作社发展

合作社订立了章程,建立健全了民主管理、营销管理、利益分配、财务管理、教育培训、档案管理、成员管理等制度,制定了目标考核办法。通过严格执行章程、各项制度和办法,明确了成员的权利和义务,明确了理事会、监事会的权力和职责,明确了各部门的职能责任,规定了财务管理和盈余的分配方法,使合作社与成员之间、合作社各部门之间能够相互协作、相互督促、相互制约,基本实现了"成员共商、领导决策、部门分工、相互监督"的良好管理模式。

(三)建立网络,促进市场销售

合作社成立后,为打开莲藕的销路,建立了外销窗口和自己的专业营销队伍。合作社长期在外闯市场负责莲藕销售的有 16 人,足迹遍布重庆、四川、贵州、云南等地。营销人员长年在外搭建销售渠道,了解市场行情,不仅销售合作社自己产出的莲藕,还帮助销售一些合作社外莲藕产区滞销的莲藕,2007 年销售宜宾、内江、攀枝花等地的莲藕 5 万余千克。目前已在重庆的盘溪、杨家坪蔬菜批发市场建立了固定的销售点,保证了合作社莲藕销路的畅通,也保证了市场上莲藕的长期供应。

(四)加强技术指导,普及科学技术

合作社为了推广"双季莲藕"种植,依托 10 多名莲藕生产技术能手和"土专家"成立了技术服务部,采取技术培训和开展现场技术指导的方式,提高成员的生产技能,同时积极培育莲藕新品种,推广无公害种植新技术。技术员分片包干负责合作社莲藕的病虫害防治、施肥用药和管水等方面的指导和生产,在健龙乡推广普及了莲藕双季栽培、莲藕配方施肥栽培、频振式杀虫灯防虫应用等新技术,让成员得到实实在在的技术服务,加快了科技成果的转化和应用。

(五)实施专业采挖,确保产品质量

莲藕上市后售价的高低,不只取决于它的品质,外观的完整、色泽的均匀对于售价也非常重要。由于莲藕采收是一项技术性强、体力繁重的工作,若不懂莲藕的采挖技术,不仅莲藕采挖效率低,而且挖出的莲藕必然出现折断、破损、淤泥灌入藕眼等问题,严重影响销售和价格。为此,合作社建立了自己的采挖专业队,根据各地莲藕成熟情况,由合作社统一安排采挖工作。

采挖专业队拥有队员 800—900 人，其中大部分是合作社的成员，且绝大部分队员都与合作社建立了较为稳定的合作关系：合作社种藕，采挖队挖藕。合作社按队员各自采挖的莲藕重量，当场结算并付给报酬。采挖专业队全年采挖的时间有 9 个多月，采挖的地区不仅局限于健龙乡，市内与璧山邻近的沙坪坝、九龙坡等区县，边远的巫溪、酉阳等地，以及市外的贵阳、内江等地，甚至南方的广州，都有采挖队员的身影。

(六)搞好专业承包，提高经济效益

合作社积极发动种藕能手到各地开展专业承包，目前已有 150 户，户种植面积多的有 400 多亩，少的也有 10 多亩。种植大户在县内的健龙乡、广普镇、三合镇，市内的沙坪坝、永川、长寿、梁平等地，四川的成都、宜宾，攀枝花、中江以及贵州的一些市、县承包了 8000 余亩田地种植莲藕，使合作社实现跨区域经营，使土地向种植能手集中。

三、合作社取得的成效

(一)依靠科技创新，增加农民收入

合作社选育出的"早丰一号"，即双季藕，一年可产出两季，两季合计亩产鲜藕 1300—1600 千克，亩收入 3000—3800 元，纯收入 2000—2800 元。成员通过种植"早丰一号"，与传统的单季生产相比，收入翻倍。合作社在开发出"早丰一号"莲藕的基础上，2006 年又成功培育出一晚熟品种，经试验示范成功后将大面积推广种植。

(二)发展劳务经济，增加农民务工收入

一是成片的农村土地流转入合作社，莲藕的生产规模快速扩大，合作社就地吸纳租地区域的农村剩余劳动力从事莲藕生产，也使当地农民在有稳定土地租金收入的前提下有机会从事其他产业或外出务工。二是合作社组建的采挖专业队，队员平均年收入 1.5 万—1.6 万元，收入高的有 2 万多元。三是合作社通过组建营销队伍和技术服务队伍，促进了农村劳动力向第三产业转移，增加了务工收入。在合作社的带动下，已转移农村劳动力 1000 多人。

(三)加快土地流转，实现莲藕规模经营

合作社认真规划布局，发动成员到各地承包种藕，使莲藕生产规模步上了一个新台阶，同时促进了莲藕产区的农业结构调整。目前，成员主要通过租赁土地的流转方式吸纳了各地的 8000 余亩土地用于种植莲藕，约占合作社莲藕生产面积的 80%，开展土地流转种藕的成员占成员总数的 54%。健龙乡 9 个村，村村都种上了莲藕，种植面积已达 3000 亩。

(四)建立营销网络，拓展市场空间

近年来，合作社通过搜集、发布信息，主动为成员开展市场信息服务。在稳固原有重庆的莲藕供销市场基础上，又开发了四川、贵州的部分市场，大大拓展了莲藕的供应和销售面。目前合作社的莲藕、藕种已销售到全国 6 个省、直辖市。通过拓宽市场销路，合作社与市场和成员建立了良好的信誉和利益联结机制，通过合作社卖出的莲藕每千克价格比本地市场要高出0.20—0.40 元，每亩可增收 300 元，不但打开了莲藕的销路，还带动了一方百姓致富。

(五)实施标准化生产，提高农产品质量

合作社建立起无公害莲藕标准化生产基地，用于优新品种的试验示范，同时制定了无公害莲藕生产种植技术规程和相关质量控制措施，严格按无公害标准购进和施用农药、肥料，推行莲藕生产的无公害化，推广了"双季藕"种植和莲藕配方施肥栽培技术，传授专业生产技能，有效地提高了莲藕的产量和品质，于 2006 年顺利通过国家无公害莲藕产地认证和无公害莲藕产品认证。

案例七：山东省枣庄市丰园池田藕合作社

一、合作社的基本情况

山东省枣庄滕州市山亭区冯卯镇南赵庄村，由三个自然村组成，三面环山，地处枣庄市最大的水库——岩马水库副坝下游。1993 年，现任枣庄市山亭区冯卯镇南赵庄村党支部书记兼丰园池田藕专业合作社主任的赵启朴被推选为村党支部书记。为让村民尽快脱贫致富，赵启朴带领村"两委"一班人，多方寻求南赵庄村的发展路子，既种过稻，也养过鱼，但都未成功。经过反复考察论证，村"两委"认为，靠山吃山、靠水吃水才是最可行的办法，因此，决定把工作的重点放在发展特色种养上，利用丰富的水洼地发展养藕业。

为了寻求到最优质的品种，学到最先进的管理技术，2000 年正月初六，赵启朴背起了行包出发，先去了中国藕乡——湖北省的武汉、孝感、老河口等地，7 天跑了 3 个地市、9 个乡镇，天天吃住在农村养藕农户家；随后又

到了江苏的徐州和本省单县、泗水等地。这一趟考察回来，赵启朴感到有点失望，这些地方基本都是传统品种和技术，产量和效益都不理想。在朋友的指点下，赵启朴又在正月二十的晚上坐上了去北京的火车，几经周折，找到了中国水生植物培育基地——北京水生植物研究院。经过再三恳求，最后感动了研究院吴院长。他给赵启朴讲解了他们研发的新品种，并同意向南赵庄村传授管理新技术。赵启朴还专程赶到 100 多千米外的良种藕繁育基地，看了专利良种藕的长势和种植特点，每亩产量达 7.5 万余千克，是传统品种的 3—4 倍，而且品质特别好，藕叶、莲蓬、莲絮都有很好的销路，藕池里还可养鱼、养泥鳅，每亩收益可达 2 万多元。

赵启朴真正看到了家乡发展致富的新希望。

考察回村以后，赵启朴又带领党员和群众代表 30 多人去基地参观。虽然村民都很激动，但回来后却没有几人敢冒险。于是，赵启朴决定先由村委的 5 名班子成员带头搞示范。在当年的清明节前，33 亩池田藕按照要求下了苗，在专家的指导下进行科学管理，让全村的群众不用出家门就能看他们建池、下苗、管理，看着收获卖钱。由于效益特别好，第二年全村就发展到 200 多亩。在以后的几年里，生产的藕几乎都作为良种，用于当地的滚动发展，所以效益比预料的还好。这种用新技术种植的新品种池田藕，逐步成为南赵庄村最大的产业。

随着当地种植规模的扩大，生产的产品被当作藕种的比例大幅下降，而是越来越多地被当作蔬菜在地摊上出售，与以前相比，单产效益大幅下滑。为推销产品，村、镇领导都花了很大气力，利用各种机会扩大宣传。但由于群众各干各的，行为没法统一，质量和信誉都没保障，市场很散乱，客商都不愿与个体户打交道，村、镇也没法与客商签订经济合同，外地市场很难打开，形成了市场不稳、效益低下的局面。这严重损害了藕农利益，挫伤了村民种藕的积极性。2005 年初，山亭区供销社的领导找到村领导，认为村民丰产不丰收的主要原因，是没有一个相应的经济组织和机构进行统一管理，缺少自己的品牌，要求村里成立池田藕专业合作社，并讲解合作社的组建程序、基本知识、管理办法和运作规程。

为了动员种藕户加入合作社，村"两委"一班人挨家挨户地去动员，反复给村民讲联合起来的好处，介绍合作社可以提供的各项服务和池田藕种植发展的前景。当时不少种藕户认为村"两委"办合作社是为了自己挣钱谋利益，或是向上级领导显摆村委的工作成绩、做样子。经过村"两委"的耐心说服和引导，并公开给村民作出承诺，将"一切为村民，利益归农户"作为办社宗旨，有 120 多户池田藕种植大户首批申请加入了合作社。在供销社的指导帮助下，赵启朴等人制定了合作社章程，通过成员大会选举，产生了理事会和监事会，完善了各项规章制度，并在工商部门进行了登记注册。按照合作社章程的规定，种植户"入社自愿、退社自由、风险共担、利益均沾"，享受合作社的各项服务，参与合作社管理。为便于管理和服务，还对成员和客户的基本信息，全部建立了档案。

二、合作社采取的主要措施和成效

(一)搞好产前、产中服务

虽然池田藕管理的技术要求比较高，但田间管理的环节比较少，时令性比较强，适宜于大规模的统一管理。因此，合作社培训了 30 多名技术人才，成立了 9 个服务小组，负责为成员统一规划建池、统一选种下苗、统一技术管理，成员发展到哪里，服务就跟踪到哪里。其中的 6 名技术人员，承担了全村成员 960 多亩池田藕的灌水、施肥和管理工作，成员每亩只需缴纳 100 元的服务费，就可以"坐享其成"，腾出手来安心去做其他生意，省心又省力。社里统一组织上山开采石料创收的有 460 人，还有 310 人常年外出从事水果贩运，进一步增加了农民收入。在池田藕的整个生产过程中，合作社有统一的生产技术标准和管理规程，全面推行标准化，因此，种植的池田藕品种纯正、质量统一，分别被山东省农业厅、中国绿色食品检验中心认证为无公害农产品基地和绿色食品。

(二)帮助推销产品

合作社种植的是池田白莲藕，品质优良，营养丰富，色白如玉。合作社在成立的同时，就向工商部门申请注册了"仙玉莲"牌商标，有了自己的品牌。为做好产品的销售工作，合作社充分利用农村远程教育和政府网站发布信息，广泛进行联系和宣传，有效地占领了三大市场：

一是藕苗市场。这是最大最好的市场，批量大，效益高，既能扩大合作社的种藕产业，也是农民快速致富的好路子。合作社的藕种在全国来讲，是高产优质的最好品种，已远销到江苏、安徽、湖北、新疆等 9 个省、自治区、直辖市，2005 年销往外地的藕苗达 105 万千克，2006 年就接到 2007 年用的藕苗订单超过 80 万千克。

二是农贸市场。徐州、泰安农贸市场是全国两个较大的农产品批发市场，合作社在此设有自己的销售窗口，这里的批发商都与其有着密切的联系。合作社的产品有 1/3 是通过这两个农贸市场销往各地的。

三是食品加工企业。合作社通过报纸和网站随时搜集有关信息,当了解到江苏连云港蔬菜加工厂生产藕粉、藕片等藕产品时,合作社及时派人联系,带去样品让其试用,并检验质量,最后得到了厂方的充分肯定和认可。该加工厂与合作社签订了长年供货合同,从 2006 年开始,自池田藕收获时起每周供货 7 吨。同时,合作社还与一批制茶、制药、保健品等生产厂家建立了固定联系,为藕叶、莲蓬、莲絮等副产品也找到了稳定的销路。

(三)科学施肥

池田藕合作社与山东省亿丰元有限公司合作,通过测土配方,为成员和客户定做生产池田藕的专用肥料,在合作社的指导下科学施用。这不仅增加了合作社的服务手段,而且解决了成员和客户科学施肥的难题,同时,还可为合作社带来一定的经济效益。合作社每年统一为成员购肥 800 吨,与在其他渠道购置同样的肥料相比,可为村民节约资金近 20 万元。

(四)推广立体化种养技术

为提高综合经济效益,合作社还利用岩马库区生产泥鳅种苗的优势,积极为成员和客户提供配套的泥鳅种苗,指导成员和客户立体化种养,仅此一项每亩又可增效 2000 多元。

(五)增加农民收入

尽管合作社成立的时间不长,但合作社的领头人赵启朴已真切感受到了发展合作社的好处:“它使我们以前难干的事好干了,使以前没法干的事干大了。”有了合作社这个工作平台,赵启朴带领村民发展池田藕产业的工作如虎添翼,突破了传统村集体经济组织发展村庄经济的限制,实现了村庄发展与合作社发展的互补,填补了村庄组织难以向外拓展产业的空白,推动了池田藕产业的迅速发展壮大和种藕农民的增收。目前,丰园池田藕合作社的业务范围不断拓展,产业越做越大,已经辐射到全市、全省乃至全国,市内已带动发展了 45 个基地,种植面积达 9000 多亩;省内已在菏泽、聊城、滨州等 7 个地市,带动发展 25 个基地,种植面积达 5000 多亩;省外已在安徽、河北、江苏、浙江 4 个省区内,带动发展 30 个基地,种植面积达 1 万多亩。当被问及“为什么有了村级组织发展经济,还要发展合作社”时,赵启朴感言:“作为村组织,一般人不认,没法对外进行交往和谈判,而合作社就大不一样了,走到全国各地都认。”

池田藕合作社的成立,使分散的种植户连成一个整体,合作社成为联结市场与池田藕种植户的重要桥梁和纽带。农民入社后,种植有计划、技术有指导、产品有销路,有效地提升了当地池田藕种植产业化水平。合作社在成立两年多的时间内，带动当地池田藕种植业飞速发展，成员由 120 户发展到 460 户，全村池田藕种植面积由 600 亩增加到 960 亩，销售价格由过去的 0.80 元/千克提高到 2.40 元/千克，每亩池田藕纯收益比过去增加 3000 多元。池田藕种植户真切地感受到加入合作社给他们带来了实实在在的利益。广大成员一致认为，走合作社的路子走对了，不仅为他们解决了生产中的许多困难，也更加速了他们增收致富的步伐。

三、合作社进一步发展存在的问题

(一)部分农民对合作社的认识不到位

农民专业合作社是市场经济下的新生事物，由于这方面的宣传不够，一些群众对合作制的理论、原则、组织形式等基本知识缺乏了解，对发展合作社的必要性和重要性认识不足，对加入合作社的兴趣不浓、热情不高，许多农民自身的合作意识不强，错误地认为发展合作社是为了争取扶持资金，是乡村干部的事情，与自己无关。因此，参加合作社的主动性、积极性不高。

(二)政府对合作社的扶持力度小

合作社的发展还处于初始阶段，组织规模小，资金少，抵御市场风险、生产风险和自然灾害的能力很弱，政府应当给予大力扶持。目前，合作社很少得到政府财政、信贷扶持以及税收等政策优惠，即使通过一定的项目和渠道能得到一些扶持资金，也基本被有关部门截留挪作他用，基层合作组织很难得到，合作组织发展的环境仍然不够宽松。

(三)合作组织的发展运作欠规范

合作社在章程制定、登记注册、民主管理、业务运作、利益分配等方面不尽完善，合作社还没有形成一套有效的经营管理运行机制，缺乏长效发展的活力。

案例八：广东省惠东县四季鲜荔枝专业合作社

一、合作社的基本情况

惠东县四季鲜荔枝专业合作社创建于 2003 年，由惠州市四季鲜绿色食品有限公司牵头组建，是一个以农民为主体，通过"合作社+公司＋农户"

的组织形式组成生产、营销、社会化服务为一体的农民专业合作社。几年来，在各级党委和政府的大力支持和帮助下，合作社坚持"民主管理、合作发展、共同富裕"的发展原则，紧紧围绕农民增收致富这条主线，以市场为导向，以全方位为成员提供生产、技术、营销等服务为立足点，以带动更多的农户走向富裕为根本目标，大胆探索与实践，实行独立核算、自负盈亏、利益共享、风险共担的市场运作机制，实现了农民增收、企业增效、产业发展的"多赢"。自合作社成立以来，合作社成员由 13 户发展到 163 户，辐射带动其他农户近 3000 户。合作社为成员收购荔枝、龙眼 4837 吨，赊销化肥农药 236 吨，提供零利润化肥、农药服务 763 吨，成员户均年增收 2360 元，合作社成员年增加收入比当地非合作社成员的农户高出 36%以上，为有效增加农民收入创造了较好的经济效益和社会效益。

二、合作社采取的主要措施和成效

(一)完善制度建设，规范民主管理

发展合作社的目的是为了使农民富裕，只有合作社自身强大，不断完善，才能更有效地为成员服务。经过几年的摸索与实践，特别是《农民专业合作社法》正式实施后，该合作社重新修订了章程，进一步完善了合作社的组织机构，规范了内部经营机制、决策机制、分配机制和运行机制，制定了一整套服务成员的具体措施。为了便于管理，合作社在当地农村的各个村设立了合作小组，分别负责本区域内的统计、管理、服务等具体工作，并及时反映成员的意愿和要求。合作社除设立理事会、监事会外，还成立了生产部、市场部、信息部、财务部和成员服务部(技术培训部、农资服务站)、产品检测室等，使合作社管理逐步规范化、体系化、制度化。成员服务部以无偿服务成员为宗旨，积极创造条件为成员提供产前、产中、产后服务。技术培训部定期为生产基地的生产、管理人员进行农产品栽培及农业标准规程培训。健全和完善各项管理制度，制定了《合作社财务管理制度》和《合作社专项资金管理办法》，同时做到审批报账程序化、日清月结、定期进行财务公开，每年进行内部审计，并向成员(代表)大会报告审计结果，随时接受全体成员的监督。通过规范化建设，增强合作社的凝聚力。

(二)统一生产流程，实行标准化生产

发展壮大农民专业合作社，有利于把农村分散经营的果农与国内外市场联结起来，解决小生产与大市场衔接的问题。同时，通过实行标准化生产管理，提高了荔枝的品质，增强了荔枝的市场竞争力。为保证荔枝产品的质量，

四季鲜荔枝专业合作社实施了生产规范化、产品标准化等多项措施，从荔枝的管理，化肥、农药的施用，到运输、加工、包装，都严格按照按国家绿色食品的标准进行。合作社 6400 亩的生产基地以及加工基地被认定为"广东省健康农业科技示范基地"、"华南农业大学中国荔枝研究中心科技示范基地"、"广东省荔枝龙眼科技协会示范基地"。合作社实行规范的统一生产流程，对荔枝生产严格实行"四个统一"，即统一生产、统一操作规程、统一产品质量标准、统一销售产品，通过四个统一，打造优质品牌，提高荔枝的市场竞争力。凡是加入合作社的农户他们的荔枝都获得了丰收，同等规格、品种的荔枝与没有参加荔枝专业合作社的荔枝生产农户的荔枝相比，每千克销售价格高了 1—2 元。

(三)健全运行机制，实行利益共享

合作社积极贯彻实施《农民专业合作社法》，不断健全和完善组织的内部运行机制和利益联结机制，建立合理的分配机制，形成利益共享、风险共担的共同体。合作社实行独立核算、自负盈亏、利益共享、风险共担的市场运作机制。合作社的经营利润，实施盈余返还的原则，进行二次分配，按交售农产品的数量、质量与按股份相结合的方式返还盈利：①合作社向成员收购产品，按质论价以当地市场价为基价上浮 10%—25%向成员收购合格荔枝产品；②在年终分配盈余时，将盈余的 40%留在合作社作为风险基金和再生产基金，另外的 60%以现金形式分配，按交售荔枝产品数量和所占股份多少返还给成员，其中 80%按交易额分配返还，20%按股金分红。

(四)强化服务能力，提高果农技能

合作社通过"合作社+公司"的组织形式为农户提供一系列社会服务，包括产前、产中、产后各个环节的服务，如为成员们分别提供"统一生产资料"零利润的社会服务和科技文化服务。近年来，合作社的农资服务部每年以零利润的形式为成员提供 250 多吨化肥、农药，在一定程度上解决了果农购买农药、化肥成本高和使用化肥、农药不统一的矛盾。目前，合作社有农艺师 6 人，可以较好地为合作社成员提供荔枝生产的产前、产中和产后技术指导服务，为成员提供荔枝病虫害防治技术服务，较好地提高了荔枝的产量和荔枝的品质，增强了荔枝竞争力。

近几年来，合作社积极邀请华南农业大学、惠州市农业推广中心等有关专家，为成员及周边果农举办荔枝种植技术及病虫害防治技术培训班，共培训成员及果农 2000 多人次，印发各种技术资料 2000 多份。目前，有 86 个成员获得由农业部统一核发的《绿色证书》。通过培训，提高了果农应用科学管理荔枝生产的水平，也增强对果农的吸引力、凝聚力和带动力。

(五)增强示范引导，带动农户增收

惠东县是惠州市荔枝主产区之一，有荔枝龙眼面积 30 多万亩。虽然种植面积大、产量多，但生产技术落后，质量参差不齐，卖果难问题一直困扰着当地果农。合作社成立后，通过上门或订单收购的形式，有效地解决了部分果农卖果难的问题，并将收购范围扩大至周边县市，如博罗县泰美、惠阳区沙田、大亚湾区霞冲以及紫金县古竹等地。目前，与合作社签订产品收购合同的果农近 300 户，种植面积有 6000 多亩，每年回收荔枝龙眼鲜果 500 多吨。同时，合作社还通过建立生产示范基地，无偿提供生产技术培训，统一供应生产资料，按高于市场价回收产品等社会化服务。这些举动带动了周边 7000 多户农户发展荔枝生产，促进了当地荔枝产业化发展。

(六)继续艰苦创业，促进合作社持续发展

合作社清楚地认识到目前的发展还处于创业阶段，所做的工作只是初步的，必须遵循《农民专业合作社法》，通过规范化建设，增强合作社的凝聚力，提高产品的市场竞争力，壮大合作社自身的经济实力和发展后劲，才能将合作社事业做大做强。一是开发新的技术成果，拓展新的深加工领域，为合作社经济开辟新的增长点。合作社以提高农产品科技含量和效益为着力点，走"科技+企业+专业合作社+农户"的技术开发模式，依靠高新专利技术改造传统名牌产品，尽快把其他地区的先进技术、优良品种、管理理念等引进来，为合作社成员所用，尽快提高合作社成员的思想观念、技术水平和管理水平，进而提高合作社的整体水平和发展能力。目前，合作社已吸纳国家高新专利技术发明人技术入股，开展具有自主知识产权的技术研发，攻关农产品深加工关键技术设备，开发惠州冻干食品。二是扩大合作社的规模。在原有的基础上进一步扩大合作社的经营规模，力争在开发新的技术成果转化后，发展更多的成员，让他们真正体会到农民专业合作社带领广大农民增收致富的作用，让农民专业合作社带给农民成员更多的实惠。

第六章 农民专业合作社的进一步发展

第一节 农民专业合作社发展的原则

农民专业合作社是为适应区域产业发展和市场农业的需要而组建的,为农户、企业服务的民办互助组织,因此,它的发展一定要改变以往官办的思路和做法,遵循产业发展规律和市场经济规律,以"民办、民管、民受益"为原则,以提高农民组织化程度为方向,以提高经济效益、促进农民增收为目的,成熟一个发展一个,不能以运动的方式创办,不能随意无序地创建。应把握好以下几个发展原则。

一、不改变分户承包家庭经营责任制

现在所倡导的农民专业合作社与过去的合作化运动有着根本的区别。过去的合作化运动是把农民的土地所有权和家庭经营改造成土地集体所有与集体统一经营。而今创办农民专业合作社,是在坚持农村家庭承包责任制的基础上,按照专业分工进行的合作,是在新的层次和意义上深化和完善以家庭承包经营为基础、统分结合的双层经营体制。农民专业合作社应该是农民自己的经济组织,政府和集体不直接参与其中。每个村有一个集体经济组织,又要发展农民专业合作经济组织,两者关系怎么摆?两者各有各的功能和作用,但目标是一致的。集体经济要引导合作经济组织发展,但不宜干预合作经济组织的内部事务。坚持在家庭承包经营的基础上兴办农民专业合作社。因此,农民加入合作经济组织后,不改变土地承包关系,不影响生产经营自主权和家庭财产所有权。不仅如此,还要明晰合作经济组织与成员之间的产权关系,使以家庭承包经营责任制为基础的农村双层经营体制得到完善。

二、自愿、自主与民主管理

创办农民专业合作社应坚持"民办、民管、民受益"和农民自我组

织、自我管理、自我服务的原则。应该是由作为市场主体的农民自愿组建，进退自由。在发展专业生产经营的基础上，有了合作和联合的愿望，才能引导其自觉自愿建立和参加合作经济组织。切忌违背农民的意愿，搞强迫命令和行政干预。农民参加与否，应当完全自愿，参加哪一个组织，可根据生产经营的需要自行决定。严格遵循民主的原则，农民真正参与管理。组织内部实行民主选举、民主决策、民主管理、民主监督，重大事情由成员决定，实行一人一票制，理事会、监事会都由成员大会或成员代表大会选举产生，管理人员必须从成员中产生。

三、因地制宜，循序渐进

加入世界贸易组织以后，表面上看我国农业面临的是农产品市场的开放、进口量的增长等方面的冲击和挑战，实质上是对我国农业产业组织资源配置的一次强大冲击和挑战。我国农业产业组织面对的是一些发达国家的规模化、组织化程度极高的大农场主及其组成的合作社联盟、大公司、跨国公司，甚至是由农产品出口国组成的国际性垄断集团，他们不但实力强大，而且经历了多年的合作进程，有着丰富的实践经验。

产业组织缺陷是我国加入世界贸易组织以后农业所面临的最大障碍，而这种组织缺陷又不是用技术和资本所能弥补和替代的，分散经营的农户进入市场必然会存在"小农户，大市场"的矛盾，因此我们在国际市场的竞争中不具备什么优势，竞争基础十分薄弱，难以取得有利地位。

西方发达国家的实践证明，从实际出发循序渐进地发展农民专业合作社是其合作运动成功的经验之一。如日本人多地少，农户经营规模小，通过农协把分散农户组织起来。美国是农场经营形式，通过农场主合作社组织起来。我国 20 世纪 50 年代推行的农村合作化和人民公社运动的教训之一就是脱离了当时生产力的发展水平，急躁冒进，结果欲速则不达。因此当前发展农民专业合作社要从实际出发，借鉴国外成功经验，并结合我国农村合作经济组织发展根基比较薄弱的现实和农村发展的实际。

目前，农民专业合作社尚处于初期发展阶段。由于各地的自然、经济和社会条件不尽相同，组织根基较弱，因此在其创建和发展的过程中不宜强求统一的模式或简单地照搬国际经验，不能强求一开始就严格遵循合作社的原则去发展农民专业合作社，在短时期内就创建起大规模的组织网络，而是要根据农村经济的发展和农民的要求采取循序渐进的策略开展合作活动，进行合作经济组织的建设，不断丰富合作经济组织的职能和壮大合作经济组织的实力。如对于条件成熟的地区可以一步到位，一开始就严格按照合作社原则组建运行。而对于社会经济条件和组织基础不太成熟的地区，可先发展一些小范围的专业合作社、专业技术协会等，只要能为农民带来直接利益，能提高农民的组织化程度，就可以鼓励其发展，然后再对一些典型经验进行宣传推广，逐步对其进行规范，使其不断走上规范化的发展轨道。

四、典型示范，以点带面

我国各地在发展农民专业合作社的过程中，已涌现出了一大批先进典型，这些典型反过来又能成为进一步发展农民专业合作社的助推器。各级政府要善于运用这些典型资源，加以引导，在进一步提高和完善的基础上，选择其中较好的进行认真总结推广，宣传他们的成绩、做法和经验，把这些农民专业合作社办成可看、可学、有效益的样板，通过推广他们的做法和经验，发挥其示范和带动作用。对于已经有了农民专业合作社的雏形，还很不完善的，帮助他们提高完善。

五、多样化发展，选择合适的发展模式

农民专业合作社发展的形式、速度和规模等，都要和农村社会生产力水平、经济发展程度、市场需求以及农民专业合作社的现有经济实力、组织制度、组织领导能力等实际情况相适应，不可操之过急，要循序渐进。应根据我国各地农村的不同情况，从当地实际出发，尊重农民的自创性，鼓励大胆探索和开拓创新，积极扶持其发展，以形成多渠道、多层次、多形式的发展格局。在此基础上，再按照"边发展、边引导、边规范"的工作方针，加强对农民专业合作社的管理和引导，鼓励各类不同主体自愿联合，多途径、多形式、多层次兴办农民专业合作社。农民专业合作社的发展也要适应市场竞争要求，实行优胜劣汰，通过市场竞争发展壮大。要防止片面性，不应过分强调什么，反对什么，应该先让农民自由发展，在发展中引导规范。

选择合适的发展模式要在比较发达的产业基础上组建，由实力强、带动力大的企业或大户牵头，通过联合，不断增强产业竞争力和服务能力，促进产业的发展。产业不发达、缺少牵头人则不宜匆忙组建。农民专业合作经济组织，一般是由从事专业生产或经营的农民在自愿互利的基础上，按照协作和经济合理的原则建立起来的，一般不吸收与本专业无关的成员。同业生产经营者的联合，可以扩大农产品的生产经营规模，降低交易成本，有利于把某种农产品做大、做强、做精，进而发展成一个区域内的拳头产

品或支柱产业。

鉴于我国各地经济发展水平的多层次性，各地应当因地制宜，结合当地的主导产业和优势产业发展不同形式的农民专业合作社。一般来说，在组织形式上可以搞"松散型的协会"，可以搞"经营性的专业合作社"，也可以引入股份制，举办股份制的农民专业合作社。专业合作社相对于专业协会与行业协会来说，与成员的利益联结更为紧密，一般在经济较发达的地区，专业性及股份制合作社发展较快，绩效也较为显著；而协会一般在一些落后的农村地区，或者合作组织刚起步的地区容易出现。随着经济及合作组织的进一步发展，我们应当促使这些协会向专业合作社转换，以更好地保护农民的利益。目前，股份制专业合作社由于其"财产共有、产权明晰"等特点而备受推崇，在条件允许的情况下，应当适时地发展股份制专业合作社。

在具体的合作形式上，可以由农村能人、专业大户领办，也可以依托于政府职能部门、农机站、供销社、科协、村级集体组织、龙头企业等，但主要鼓励农民自己兴办合作组织，以保证农民的主体地位；政府部门、龙头企业应当逐渐从合作组织中退出来，还权于农民。在准入条件上，提倡自愿加入原则，不对农民进行限制。但随着合作组织的扩大，进入门槛有所抬高也是必然的趋势，各地可以根据实际情况具体设定。一般来说，在建立初期应当实行开放性原则，鼓励与支持一般农户加入合作组织，当合作组织发展到一定规模，有强烈的资金与活力需求时，可以允许适当设立门槛限制，但门槛设置不宜过高，而且要确保农民的主体地位。同时，政府也应当提供各种政策与优惠措施支持小规模农户加入农民专业合作社。

六、市场运作与政府扶持相结合

发展专业农民合作社要按照市场规律办事，依照市场机制运作，但政府的适当参与又必不可少。各级政府可以在产业基础良好，农户经营的专业化、市场化程度较高的地方开展试点工作，传播农民合作理念，普及合作经济知识，建立合作社与政府的良性互动关系。作为政府来讲，要做到"有所为，有所不为"，要以宏观调控、服务、规范、指导和扶持为宗旨，通过政策措施、法律手段、经济手段等促进农民专业合作社的健康有序发展。

七、对内服务和对外盈利

农民专业合作社对内不以盈利为目的，以最大限度为成员服务、增加成员收入为己任；对外则必须按照市场规律办事，追求盈利，而且要想方设法多盈利。要根据自身实力，积极创造条件，努力拓展服务领域，为农民提供多种内容和形式的服务；要以市场为导向，以增收为目的参与市场竞争，提高农产品的商品率、优质安全度和经济效益。

八、合作制分配方式

实行按交易量（额）返还为主的分配原则，既是国际合作社的一条通则，也是合作经济组织发展的生命力和根本所在。对盈余的分配，在扣除章程规定或成员大会表决通过的积累和公益金之后，一般应按成员的实物交易量（额）全部返还给成员。返还的依据，一是成员购买合作社的商品，二是成员向合作社提供的产品。农民专业合作社也可根据章程规定实行定数量的股金分红，但所定数量与股份一般不宜太高。不可分割的公积金是成员的集体成果，成员拥有其所有权。公益金用于成员（代表）大会决定的公益事业和公益活动。

第二节　优化农民专业合作社发展的环境

当前，农民专业合作社的发展正处于关键阶段，加快发展的条件已经基本具备。首先，发展农民专业合作社已经引起从中央到地方各级党委、政府的高度重视，2006 年中央 1 号文件中也指出了具体的扶持方向；其次，随着农业市场化和专业化、规模化进程的推进，农民要求获得信息、销售、技术等多方面服务，尤其是专业服务的愿望越来越强烈，产销合作深受农民欢迎；再次，发展农民专业合作社已积累了一定的实践经验，涌现了一批先进典型，成长起来一大批规模大、机制活、市场竞争力强的农民专业合作社，起到了良好的示范带动作用。可以预见，在不久的将来，合作组织将遍布我国城乡，覆盖产供销、农民和市民，成为牵头组织我国农业一体化的主要经营载体。

另一方面，我们也应注意到，虽然我国的农民专业合作社从第一个诞生至今已有 20 多年的时间，但由于外部环境以及内部微观机制的不完善，致使实践中的农民专业合作社极不规范，其属性很难把握。这种不规范从某种意义上说或许是一种创新，但如果长此下去，势必影响农民专业合作社的进一步发展。因此，规范农民专业合作社必须在坚持合作经济基本原则的基础上，从实践的多样性入手，重新审视农民专业合作社，走与实践紧密结合的分类规范和发展的道路，加强农民专业合作社的规范化建设，使农民专业合作社真正走上良性运作和健康发展的轨道。

针对影响当前农民专业合作社发展的因素有差异性、需求有多样性的现状，加快农民专业合作社发展必须以系统性、综合性的思路来采取有力措施。在指导思想上应该突出适应现代农业的发展，坚持巩固、提高与继续发展并举，紧紧围绕解决当前农民专业合作社建设面临的突出问题，认真贯彻落实《中华人民共和国农民专业合作社法》，坚持合作制的基本特征，健全合作社制度，完善运作机制，规范运作行为；围绕发展现代农业和农民成员的新要求，以市场为导向，提高办社的层次和质量，丰富合作内容，延伸产业链条，推进跨区域发展；加大财政金融政策支持与服务，培育市场主体，增强市场竞争力，促进做优做强；同时继续推进农民专业合作社量的扩张，进一步扩大农民专业合作社农民的入社面，对优势产业和基地农户的覆盖面，以进一步融入农村合作经济大潮，融入现代农业发展大潮，融入新农村建设大潮，为农业增效、农民增收和农村经济发展作出新贡献。

一、加强宣传，提高对农民专业合作社的认识

加快组织创新是推动我国农业与农村经济发展的有效措施，也是我国加入世界贸易组织以后抵御国外农产品冲击的重要举措。把分散的农户组织起来，引导他们进行专业化、区域化与商品化生产，并建立与其衔接的社会化服务体系，是农民致富的重要保障。要认识到乡、村党政组织并不能替代经济组织的职能，经济组织可以成为各级政府的得力助手。要尽快扭转在组织创新方面"说得多，做得少"的倾向，真正把农民专业合作社建设纳入各级政府的议事日程。为此，要做好三方面的工作：

一要提高认识。这里有两个层面：各级政府及部门的认识，基层农民自己的认识。从政府及部门来讲，要解放思想，转换观念，走出对农民专业合作社的传统认识误区。在工作中，有的领导对农民组织化存有疑虑，担心会带来麻烦，以为农民自己的组织获得发展后会不利于农村的稳定。事实上，社会集团的组织化程度越高，社会集团之间对话的成本就越低，妥协的可能性就越大。浙江省一些农民专业合作社发展程度较高的乡(镇)、村的实践表明，农民专业合作社发展确实起到了增加农民收入、稳定民心的作用。从农民自身的认识来看，一开始由于认识不深，难免也会心存疑虑。因此，要使广大农民自愿加入，各级政府要经常组织多种形式的报告会、培训班，加大

在电视、广播、会议中的宣传力度，还要充分利用政府的农村社会化服务网络体系的教育资源，结合农业技术普及与推广工作，对广大农民开展合作教育，使广大农民充分认识到兴办农民专业合作社的好处，从而打消疑虑，积极支持和参与。

二要典型引路。利用先进地区好的做法和邻近农村的典型事例进行宣传引导和现身说法，让农民真切感受到这一组织建设的作用与好处。一方面，要对目前农民专业合作社的类型（龙头企业创办、农技服务单位领办、乡村干部兴办、专业大户或营销能手组办等）进行排队、筛选，树立典型，先抓试点，在试点取得成功后，在面上推开。面上推开后，还要注意发现典型，培育典型，搞好示范带动。另一方面，可以对传统项目或新兴产业的关联环节进行比较、认定，按照不同条件，设置不同形式，构建农民专业合作社的轮廓，让农民亲身参与、介入管理并逐步规范，日益完善。

三要增强服务。政府在引导农民建立农民专业合作社的过程中切忌利用行政手段进行强制性干预，要用市场的方式，服务于民的理念，对农民加以引导。

二、不断探索，完善农民专业合作社的自身建设

(一)调整产权安排与治理结构

据调查，当前我国相当一部分地区农民专业合作社的最大特点在于其产权安排是偏于股份化的，治理结构是偏于大户、企业或外部组织主导型的，换言之，剩余索取权和剩余控制权格局是倾斜的，而且可以预见，在较长一段时间里，这种制度状态难以发生根本性改变。这是我国农村经济社会发展条件下，农民以及各类涉农主体的利益和能力具有显著的异质性和耦合性的结果，其生命力、竞争力与绩效应当得到充分肯定。然而，这种过分浓厚的股份化倾向，使得合作社的产权安排的缺陷正在逐渐显现出来。譬如，一般成员对合作社长期发展缺乏关怀，合作社的内部监督被虚置，民主控制有时失去基础，等等。更为深远的影响还在于专业合作社长此以往的股份化色彩，可能极大地影响这方土地上的本就稀缺的集体主义文化基因。为此，对于农民专业合作社，首先要坚持边发展边规范，在保持和提高合作社现有竞争力的前提下，通过调整合作社内部制度安排（特别是产权安排和治理结构）和加强外部规制来巩固合作社的性质和功能。其次，要正确处理专业大户、各类涉农主体、合作社与农户之间的关系，既要充分依托龙头企业、专业大户强大的市场引导力量和市场竞争能力，也要切实维护一般

成员、普通农户的正当权益。再次，政府应该在为农民专业合作社提供支持的同时，着力从根本上提高农民对于合作社这一组织制度形式的认识水平，激发农民发展合作社的自觉性和主动性，培养农民的合作精神、契约精神，为农民专业合作社的健康发展奠定必要的思想文化基础。此外，还可以主张让一般农户认购龙头企业的股份，使农民成为龙头企业的主要控制者，来确保农民的主体地位。

(二)完善内部运行机制

农民专业合作社是在尊重农户市场主体地位基础上农民自愿参与建立起来的自我服务、自我管理、自我发展的合作经济组织，合作主体是农民，活力之源是民主，联结纽带是利益。因此，发展农民专业合作社要坚持合作制原则，内部民主管理机制、利益联结机制、自我服务机制、约束监督机制、风险防范机制的建立和运作都要突出农民成员的主人公地位、主体地位和经济利益，切实有利于增强农民专业合作社的自我发展能力。只有这样，才能调动农户入社的积极性，增强农民专业合作社的吸引力、凝聚力和竞争力。

一要调整股本结构。按照《农民专业合作社法》的要求，以真正体现农民当家做主的思路，引导各地调整股本结构，提高农民成员的入股比重，控制单个农民成员和成员联合认购的持股比例。

二要完善组织管理机制。首先是健全理事会、监事会等组织管理机构，进一步明确其权利、责任，同时要加强民主管理，解决少数领导说了算的问题。其次是建立健全人事、劳动、财务、物资、营销等各项管理规章制度并严格执行。再次是对农民专业合作社中的工作人员要实行经济利益与经营、管理、服务挂钩的责任制，以调动工作人员的积极性，促使其做好本职工作。

三要完善利益分配制度。对于农民专业合作社，其利润可以按交易额进行分配，也可以将按交易额分配与按股分配相结合，但一般应以按交易额分配为主。目前要注意改变过分突出按股分配的倾向。完全按股分红或以按股分红为主的分配形式，可调动入股者的积极性，筹集更多资金，对于解决目前农民专业合作社资金短缺问题起到重要作用，且这比按交易额返还的形式在操作上简单些，但这却难以体现出"交易的联合"这一合作社的本质特征，降低了"合作"的程度。因此，按股分配要适度，一般不要超过按交易额分配的比例。

四要完善监督机制。要建立健全社会监督与内部监督相结合的监督机制。社会监督主要是发挥政府有关职能部门的作用，监督农民专业合作社是否按照国家的法律、法规从事经营及社会活动。农村经管部门从业务的角度，对其经营管理情况进行监督检查。内部监督主要是充分发挥监事会和参加农民的监督作用，实行社务公开、财务公开，加强对经营管理情况特别是财务上的监督、检查，发现问题及时解决。

(三)搞好自我服务，增强竞争能力

农民专业合作社要在激烈的市场竞争中求得生存与发展，就必须遵循市场规律，树立服务意识与竞争意识，对内不断完善服务，对外追求利润，不断提高成员的积极性和组织的竞争力，带动组织的活力。农民专业合作社必须牢记为参加农户服务的宗旨，为其提供各个方面的服务。当前为参加农户服务的重点：一是对参加农户生产的农产品通过代存、代加工、代销售等方式，代替其进行营销；二是提供良种、化肥、农药、农机等农用生产资料方面的服务；三是提供各种市场信息，帮助搞好生产结构调整，进行农业技术服务和技术人才的培训等。

在此基础上，还要拓展新的服务功能，包括拓展产品质量管理、产品开发、市场开发三个方面。产品质量管理的拓展方向是由一般的技术、品种引进、示范、推广，向组织技术攻关和协调、统一制定技术规范、技术标准、产品标准、质量标准方面拓展。随着经济的发展，人们生活水平的提高，人们越来越重视食品的质量与饮食的健康，发展绿色食品、无污染食品的呼声越来越大，各国在进口食品时质量把关也越来越严，面对这一趋势，组织进行无公害基地申报、绿色食品商标认证、有机食品认证等事项将是今后农民专业合作社的一项重要职能。产品开发的拓展方向是由一般的生产组织、销售服务功能，向组织产品保鲜、储运、加工、新产品开发方面扩展，其重点是新产品与系列产品的开发。市场开发的拓展方向是由一般的产品销售、市场网点统筹功能向品牌打造、广告宣传、国外市场开发方向拓展。

此外，有能力的农民专业合作社还应当为成员建立风险保障机制或协助开展保险业务来提高成员抵御风险的能力，同时，通过开展信贷业务来解决融资难题。

(四)抓好经营，提高经济效益

农民专业合作社要在为参加农户搞好服务的同时，努力抓好经营，实现更多利润。

首先，要千方百计筹措更多经营资金。除了向参加农户和通过留足发展基金来筹措外，还可以向社会，如向银行贷款、吸纳部分社会资金入股等。

其次，围绕自我服务搞好营销活动。在为参加农户提供服务时，也应注意按经济规律办事。如向农户收购农产品要按质论价，为农户代存、代加工

农产品，可收取一定的代存、代加工费用，为农户提供农用生产资料可收取部分手续费，但收取的费用应适当，不能过高。为了减少营销活动的风险，农民专业合作社可通过与有关企业、单位签订营销合同的方式进行营销衔接，保证参加农户把农产品适时优价地销售出去和及时供应质优价廉的农用物资。

再次，拓展经营领域，获取更多利润。通过兴办农产品加工流通企业，发展农副产品的深加工与精加工，增加农产品的附加值，实现农民的多次利润分配。农民专业合作社实行一体化经营，既可以依托农产品加工企业，也可以完全由合作经济组织自己创办经济实体。依托农产品加工企业是这样一种形式：企业根据自己的销售订货情况向农民专业合作社提出原料需求，合作组织与企业签订供货合同，成员按计划生产，由合作组织统一收购交由公司加工，成品销售后形成的利润，年终企业从利润中返还一部分给合作组织，合作组织扣除各项费用后，按交易量返还给成员。在这种方式中，如果是公司化运作，公司追求利益的最大化，成员所能分得的利润有限。而由合作组织创办经济实体，则农业产业链的三个环节的投资主体都是合作组织，最后所得的利润也全都归成员所有，而且也有利于利益的协调与分配，这种方式能够更好地实现成员利益。

(五)把农民专业合作社与农业产业化有机结合起来

农民专业合作社是实行农业产业化经营的有效组织形式，是农业产业化的必然结果，只有农业的专业化发展达到一定水平，农民才有组织起来、开展联合协作的内在要求，它既可以通过在组织内部发展龙头企业来实现产业化经营，又可以依托自身的组织优势，在龙头企业和农民之间发挥中介作用，推进农业产业化经营。实行农业产业化经营是农民专业合作社不断发展壮大的有力保障，因而实现农民专业合作社与农业产业化的结合很有必要。

目前在部分地区已有把两者结合起来的尝试，但还远远不够。这就要求农民专业合作社积极探索全面提高产业化经营程度的路径和措施，加快实现农民专业合作社与农业产业化的有机结合。

一是扶持部分龙头合作社，做大做强产业规模。选择当地种、养、加商品生产已发展到一定规模，形成一定优势，且具有市场前景的产业和产品作为办社的依托，并结合市场导向确定组建农民专业合作社的规模和模式，充分注重生产、贩销大户的参与和龙头企业的带动，以此推进农民专业合作社量的扩张，做到成熟一个发展一个，力争每办一个农民专业合作社，带动一个产业，搞活一片经济，致富一方农民。从全国各地的实际出发，重点应围绕当地的主导产业来组建发展。

二是进行标准化生产。围绕发展无公害农产品、绿色食品和有机农产品，加强对农民成员的农业标准化宣传和培训，培养一批具体操作骨干；建立农产品质量安全标准和标准化技术规范，建立标准化示范基地；积极向当地、省和国家有关部门争取农业标准化示范项目，加大经费投入，及时总结推广一批先进典型经验，以点带面逐步扩大标准化生产，提高和稳定农产品品质。

三是实施品牌化经营。总结推广品牌化经营经验，组织指导农民专业合作社创造条件，注册商标，改进包装，整合品牌，做好绿色认证和专利申请，加强宣传，创出品牌产品，放大品牌效应，提高品牌效益。

四是延伸产业链条。引导农民专业合作社改良农产品品种，引进和推广新品种与新技术。加强与科研院所的合作，与农业加工企业的联合，加大扶持力度，促进其开展农副产品精深加工，提高附加值。

五是推进联合与合作。在产权清晰的基础上，根据共同的需要，以加工企业、农产品批发市场、农产品营销公司为依托，推进同类专业合作社实行跨区域的再联合与再合作，促进其以更大的规模、更低的成本、更好质量的产品走向更为广阔的市场，获取更多的效益，让农民成员得到更多的实惠。

(六)以专业合作社为基础，组建综合性合作经济组织

从各国的实践来看，组建综合性合作经济组织有其必要性。农民专业合作社由于从事同类或同种农产品的活动，在具体的服务方面有所侧重，仅提供一个或几个服务，无法照顾到各个方面，而综合性合作经济组织能涉及生活的方方面面。我们可以参照日本的农协以所在地农户为对象组建，也可以在专业合作社的基础上，联合各种合作经济组织组建，以协调各经济组织的关系，加强对专业合作社的指导与支持。

(七)通过联合与合并，逐步向外向型、规模化方向发展

目前，在中国很难看到真正大规模的合作经济组织，这与中国复杂的国情、经济水平有关。处于发展初期的农民专业合作社，适宜从小规模、行业性、区域性起步。然而，随着经济的日益市场化、全球化，竞争更加激烈，一个个小的合作经济组织在市场经济的大潮中，往往会显得过于单薄。各个初级的农民专业合作社，应在追求共同目标的基础上联合起来，通过横向(合作组织之间的联合或合作组织与社区组织及其他产业组织的联合)、纵向联合("行业协会+龙头企业+专业合作社/专业协会+农户"的合作链或中央、省、市、县、乡、村的纵向合作)，建立更高层次的合作组织，即合作组织的联合会(借鉴日本"农协联合会"的称谓)。这种初级合作组织的联合可以

突破地域、区域、行业等的限制，可以增强农民专业合作经济组织的实力，实现规模化、一体化经营，提高其经营集约程度，提高外部竞争力。在经济较发达的地区或者合作经济组织发展到一定水平的地区，可以采取各种优惠政策与措施推动农民专业合作社向外向型、规模化方向发展，但必须确保成员组织的相对独立性。

此外，目前在一些县和乡镇的范围内，由于区域主导产业和优势产业相同，存在着一些相同经营范围的农民专业合作组织，这些组织规模小，相对封闭，竞争力弱，同时经营业务相同，加剧了竞争，造成了资源的浪费。对于这些合作组织，可以对它们进行合并重组，摒弃小的、弱的合作组织，保留实力较强的合作组织，同时增加业务量，扩大经营范围，提高经济效益。

三、想方设法，多渠道解决资金难题

农民专业合作社的资金来源主要包括会费收入、合作组织自身的积累、政府部门的资助、社会的捐助等。一般的合作组织由于规模小，以及成员的关系松散等原因，不仅会费收入与自身的积累很少或几乎没有，而且也很难得到政府的资金支持，因此扩大资金来源成了农民专业合作社的一大难题。而农民专业合作社作为独立经营的主体，依靠自身力量解决资金问题是主要的努力方向与根本的解决途径。具体来说，包括以下几种方法。

(一)引入股份制机制，允许农民专业合作社发行投资股

可以参照美国新一代合作社发行优先股及日本吸纳准会员的做法，允许我国的农民专业合作经济组织发行投资股，在社会上募集资金。做法如下：将股权分为 A 股与 B 股，A 股为身份股，购买 A 股的即成为成员，股权平等，具有投票权，民主参与合作组织的管理，一般实行"一人一票"制；B 股为投资股或上市股，购买该股的只有分红权，没有投票权，也不得参与盈余分配，投资股金按照高于银行利率来支付利息(即支付固定利息)。合作组织应当鼓励成员购买 B 股(以保障合作组织的性质)，也可以通过将成员分得的部分盈余转换为 B 股的方式鼓励成员的投资，同时也允许在整个社会上发行，允许非成员购买，但成员具有优先购买权。一般对 B 股的份额要加以严格限制，不允许其超过 A 股的份额。通过向社会发行股票筹集资金，既可以增加资金收入，又能通过社会监督完善合作组织的运行与管理。

(二)健全农民专业合作社的资金积累机制

农民专业合作社要得到稳定的发展，必须留足一定的资金积累。所谓积累就是将企业净收入的一部分用于发展企业的扩大再生产。根据国际合作社

原则，合作社盈余要按照以下各项进行分配：用于不可分割的公积金，以进一步发展合作社；按成员与合作社的交易分红；用于成员（代表）大会通过的其他活动。因此，要保证合作组织正常的经营活动以及成员的利益收入，就必须正确处理好积累与分配的关系，在公积金、公益金以及红利的分配方面坚持适当的分配比例。

在国外，一般对公积金（或准备金）的比例在法律上有明确的规定，如日本的《农业协同组合法》规定，法定准备金提取比例为盈余金总额 1/10 以上，对于任意准备金没有明文规定，由农协自行决定，这对于充实农协的自有资金具有重要意义。

我国新颁布的《中华人民共和国农民专业合作社法》没有明确规定公积金的比例，但是规定了成员的返还盈余不得低于可分配盈余（弥补亏损、提取公积金后的盈余）的 60%，从而充分保证了农民的利益，可见我国的合作社法充分体现了农民的利益。但是，对于资金积累方面还是存有缺憾，特别是《中华人民共和国农民专业合作法》规定每年提取的公积金按照章程规定量化为每个成员的份额记入成员账户，同时成员退社的时候返还记载在该成员账户上的出资额与公积金份额，这对于维护合作组织的稳定性是不利的。

笔者认为，公积金应当是不可分割的，为成员所共同所有，是为了扩大生产而所留存的积累，即使在成员退社的时候也不应当返还给成员，因为合作组织规定成员可以自由退社，当合作组织遇到经济难题或经营不善时，成员会从个人利益考虑（往往只考虑到眼前利益）而抽出资本，这原本就不利于合作组织的发展，如果连公积金都抽走了，那么合作组织就会面临更大的困境，而这个困境往往是资金缺乏所引起的。

(三)开展多种经营活动，拓宽资金来源

农民专业合作社可以获得资金收入的经营活动主要包括：通过与成员交易收取少量的手续费；通过为非成员提供服务与交易收取手续费；通过开展非生产领域的活动，如保险、信贷等业务获得的收入；通过合作组织出面申报的各类建筑项目或承接的有关工程项目而获得的管理费收入；通过兴办经济实体，如加工、销售业务等获得的收入等。参考日本农协的资金运作与管理经验，可以看到资金的主要来源集中在信用、保险、经济事业及成员的出资和各种准备金（公积金）。相比较而言，成员的股金及按照法律规定将部分利益转为的法定准备金或任意准备金等自有资金具有相当的稳定性，而且利用成本也比较低，因此努力扩大这部分比例非常必要；同时，对于资金在信用、保险、经济事业中的投资与运用，也是带动资金活力，有效拓展资金来

源的重要渠道。

四、加大扶持，促进农民专业合作社的健康发展

农民专业合作社是农民在自愿互利基础上建立起来的互助互济、自我服务组织，兼有经济和社会二重性，有一定的公益性，其成员属于弱势群体，不同于一般的工商企业。农民专业合作社的性质决定了它对内服务是无偿或低偿的，对外服务代表成员的共同利益，经营成员自己生产的产品，是对内服务的延伸和扩展，其服务、经营、盈利返还等行为，与商业企业的经营行为和利润分配有着本质的区别。党中央、国务院《关于促进农民增加收入若干政策的意见》中要求鼓励发展各类农产品专业合作组织、购销大户和农民经纪人，积极推进有关农民专业合作组织的立法工作。从某种意义上说，扶持农民专业合作社，也就是扶持农业、扶持农民，对于解决"三农"问题至关重要。而我国目前如何从财政、税收、信贷、工商、公共物品供应等方面给农民专业合作社以扶持，没有明确的政策。因此，在促进农民专业合作社发展的过程中，从国家到地方应从加入世界贸易组织以后保护和支持农业，维护和实现农民的合法权益，促进农民增收的高度，把促进农民专业合作社的发展逐级纳入国民经济与社会发展计划。

(一)给予法律保护

市场经济是法制经济，农民专业合作社的规范和发展亟须相关法律出台，以做到有法可依，法制化运作。各国合作社的成功发展都是建立在法律的保护之下的。《农民专业合作社法》已于 2007 年 7 月 1 日起施行，这部法律的颁布对于我国农民专业合作社的发展具有里程碑的意义，它从定义、设立和等级、成员、组织机构、财务管理、合并、分立及解散、扶持政策、法律责任等方面对农民专业合作社及其发展进行了规范，从而明确了农民专业合作社的市场地位，有力保障了农民的合法权益。由于《农民专业合作社法》是我国第一部全国意义上的专业合作社法，而我国合作社的发展又处于起步阶段，在法律制定上更多参考了国外的经验，因此，随着我国农民专业合作社的发展需要做进一步的修改。

有了法律以后，关键还在于落实，不然法律只是一纸空文，因此不仅要加大宣传与培训力度，而且各级政府首先要规范自己的行为，在登记注册、政策扶持、规范管理等方面严格按照法律程序来执行。应该尽快地将这部法律贯彻落实到位。

一是要对相关工作人员进行全面培训。要按照"适度规范，在规范中促

进发展，在发展中逐步规范"的立法指导思想，在适当时候组织培训工商、税务等相关机构负责人，促使工作人员全面了解农民专业合作社的法人地位、设立条件、组织结构、运行机制等，为下一步的管理工作做好准备。

二是要开展广泛的宣传活动。向社会尤其是向广大农民深入宣传这部法律，使广大农民了解这部法律，能够运用这部法律提高农业产业化程度，改善自身的市场地位，提高市场竞争能力，促进农民增收、农业发展和农村稳定。

三是抓紧起草配套法规。尽快出台农民专业合作社登记管理办法。制定农民专业合作社示范章程，确保依照《农民专业合作社法》开展登记。

四是各有关部门要充分发挥职能作用，认真开展调查研究，了解掌握农民专业合作社的发展情况，特别是要深入了解农民的需求和意愿，研究帮助农民设立合作社和参与市场活动的途径，在市场准入、组织机构完善、法律宣传等方面为农民提供服务。

此外，无论是全国的《农民专业合作社法》还是各地颁发的农民专业合作社条例，所规范的对象都明确为农民专业合作社，而各地的农民专业合作组织中还有相当部分的专业协会、行业协会，以及最近兴起的联合会，对这些组织的规范还缺少法律基础。虽然我们主张专业协会向专业合作社转变，但这不是一蹴而就的事，也不是更改名字就可以完成的，专业协会与专业合作社在具体的设置上存在许多差别，因此应当设立专门的规章来完成专业协会的转变，对转变的条件、具体措施等都要有一个严格的规定，否则转变后的专业协会也只能是搭了个空架子，无法进一步发展。因此在全国制定一部统一的农民专业合作经济组织的法典，或者在几部法律中分散规定，都将是今后立法的重点。

(二)制定优惠政策

农业是弱势产业，农民是困难群体，农民专业合作社是弱者的联合，迫切需要外部力量的支持和帮助。政府的介入对农民专业合作社的发展非常重要，具有不可替代性。因此，发展农民专业合作社要坚持"民办公助党领导"，政府及有关部门应在政策导向、财政资金、银行信贷、税收、技术、信息、用地、用电、人才引进和舆论等诸多方面加大扶持力度，出台更为有力具体的优惠政策，支持其完善基础设施建设，拓宽服务领域，增强营销能力，开展农产品整理、储存、保鲜和加工，聘请专家和技术人员开展信息、技术、培训、质量标准与认证服务。

当前，重点要从五个方面进行政策扶持。

一是财政方面。财政扶持是政府引导推动农民专业合作社发展的重要手段,也是财政改革支农方式的重要内容。各级财政都应安排一定数量的资金,建立农业合作发展资金,用以支持符合政府产业政策的农民专业合作社的生产发展、技术进步、贷款贴息、教育培训等。与此同时,提取农业产业化龙头企业发展资金、绿色食品开发资金、科技兴农资金、扶持项目资金的一部分用于倾斜发展农民专业合作社,选择一批市场前景好、组织规范、带动力强的农民专业合作社,通过项目的方式进行专项扶持,重点奖励运作较规范或发展势头较好的农民专业合作社,促进其兴办经营服务设施,开拓市场,提高规模化、集约化和市场化水平,增强合作经营服务能力。浙江省在对农民专业合作社的发展上投入了很大的资金力度,如 2005 年,各级财政拿出7000 多万元专项资金鼓励合作社闯市场。大量的资金支持说明了当地政府的重视度,是可喜的现象,但同时,直接的资金支持又可能会使合作社产生依赖性,而最终丧失独立性。一般在国际上不主张直接的资金支持,不过浙江省的合作组织尚在起步阶段,适当的资金支持是必要的,只是比起直接的资金支持,在税收、信贷上给予优惠的措施更加有效,毕竟再多的资金分配到基层其数目也就一般了,更何况资金的支持也只能满足个别合作社的需要,不具有普遍性。笔者主张专项资金应当主要用于普及农民专业合作社的知识、法律以及成员的培训、干部的能力建设、素质培养、科技知识的普及以及先进技术的研究、推广、应用等方面,而不应用于个别合作社的建设。

二是税收方面。对农民专业合作社生产、销售自己的产品及其加工品,应免征营业税和所得税,放宽农产品出口政策限制,在增值税抵扣、出口退税、"绿色通道"、生产经营用地等方面给予切实的税费优惠,提高农业经济效益。

三是信贷方面。政府应规定国有金融机构每年给农民专业合作社及其成员提供一定额度的优惠低息贷款,并允许农民专业合作社开展内部资金融通和农业保险事业。同时,各省、自治区、直辖市可以在当地建立农业信贷体系,专门向农民专业合作社提供信贷支持。各级农业银行或信用社要把扶持农民专业合作社作为信贷支农重点,对农民专业合作社扩大经营规模、增加设施投资等给予相应支持。在政策允许的范围内尽量降低信贷条件,可实行信用联合共保机制,简化信贷手续,切实解决农民专业合作社生产经营所需资金。

四是注册登记方面。现有工商行政部门企业注册名录中没有合作企业户头,有的不予注册登记,有的则采取变通办法,不恰当地登记为集体制、股份合作制、合伙制,自然没有任何税费优惠。应当尽快改革工商注册登记制度，单设合作企业法人户头。

五是平等待遇方面。允许农民专业合作社经营与本专业有关的生产资料，包括种子、苗木、肥料、农药、原材料等，支持农民专业合作社创建农产品批发市场、经销合作社生产的产品。对具备一定规模甚至拥有出口实力的农民专业合作社，应给予进出口经营权。在科技推广、基地建设、新产品开发等立项上，应给予农民专业合作社与龙头企业、农技部门同等权利，为其蓬勃发展创造公平的竞争环境。

(三)加强人员培训

目前，我国农民的素质普遍不高，对农民专业合作社认识不足，也缺乏管理才能与科技知识，这些都制约了农民专业合作社的发展。农民专业合作社的发展从根本上还是要依靠农民的发展，国家各项政策也只是起到外部的缓解与支持作用。因此政府采用媒体、报纸、网络、举行培训班等各种形式进行宣传与教育培训，提高农民的素质是重中之重，政府资金的大头应当投入于此。各级政府及相关部门要加强指导和培训工作，应制订规划，组织实施农民成员培训工程，应对主管部门的有关人员、合作组织的负责人，以及每个合作组织选取一定比例的农户成员，进行分期分批的培训。通过突出合作经济基本知识、农业标准化和市场营销知识、党和政府的农村经济政策等内容的培训，提高农民的合作观念、市场观念和经营管理水平。要培养一大批有合作思想并懂得如何指导农民专业合作社发展的领导干部和一大批具体管理农民专业合作社的负责人及参与农民专业合作社的农户，通过他们的切实体验和传播，使更多的基层干部和农民了解农民专业合作社的性质、规则和功能。有关部门如省农业厅、省供销社等还可以利用自办的大专院校的师资力量，对领办、参办的农民专业合作社营销人员和部分农村经纪人，分期分批进行营销培训，结业后到当地农民专业合作社工作，对做出显著成绩的给予奖励。

(四)发展农村金融合作

农民专业合作社资金缺乏，发展困难，一方面是因为自身积累不足，另一方面是融资困难。充足的资金是农民专业合作社存在和发展的基本因素，有较强资金需求的合作社通常是有目标、有生机、谋求不断发展的合作社，解决了这些合作社的资金问题就等于解决了合作社整体持续发展的关键问题。目前农民融资主要有三种途经：商业性银行，主要追求利润的最大化，一般不愿意贷款给还款能力弱又缺乏抵押与担保的农民；政策性金融机构，追求支持最大化，往往偏向于有一定经济实力的专业大户，而且国家负担太重，支持有限，支持范围不具有普遍性；农村合作金融机构，一般是农民自愿组织起来的为广大农民服务的金融机构，最典型的例子就是农村的信用合作社，这种合作金融机构的主要存款来源于农民，是一种"取之于农，用之于农"的机构，与前两种金融机构相比，具有设立成本低，机制运行灵活，对市场反应快，更能贴近农民生活，满足农民的需要等优势。

因此，我们主张大力发展农村合作金融组织，为农民专业合作社的建设提供有效的融资途径。

一方面要加快农村信用社的改革。农村信用社在我国已有较长的发展历史，虽然在其发展过程中因脱离农村经济发展的实际需求，盲目追求利润而最终导致不良资产的沉淀、资金的亏损，但它在农村有较雄厚的经济基础、资金网络以及一定的信任度，因此较易于在其原有基础上进行改革，使其成为由农民入股、由成员民主管理、主要为成员服务的合作金融组织。改革基于三个方面：具备条件的农村信用社进行合作制规范改造；不具备条件的也可以向股份制商业银行发展；无法改革的(历史遗留问题过多的)撤销该信用社，重新组建规范的基层信用合作组织。

另一方面，除了改革农村信用社外，还要鼓励组建新的农村合作金融组织，真正强调"自助互惠"，摒弃信用社的"官办"色彩，将农村一家一户有限、分散的资金集中起来，变闲散的货币资金为生产资金，为农民自己的合作组织解决资金难题。

与此同时，针对农村金融机构"贷款难"和农民"难贷款"的矛盾，按照"政府政策推动，市场化运作"的思路，各级政府应当鼓励组建政策性农信担保公司，为农民专业合作社提供信用担保服务，缓解其担保难贷款难。可以考虑以供销社为主建立农信担保公司，重点发展县、基两级担保体系，为农业企业、农民专业合作社、种养大户等提供担保服务。农信担保公司在农村合作银行的支持下，实行保本微利经营和"银保"风险共担的机制，按注册资金的5~10倍放大，发展担保业务。同时，农信担保公司会同农村合作银行和农村合作协会一起开展信用评价工作和信用体系建设，对拟贷企业进行分析，共同严格审核，在取得共识的前提下，银行为其放贷，公司为其担保，风险由担保公司承担，这就为金融业建立起了一道防范信贷风险的有效屏障，使得金融业愿意也乐于向农业龙头企业、农民专业合作社和农民种植养殖大户放贷，有利于真正发挥金融业支持农业经济发展的杠杆作用。如浙江省供销社在省委、省政府的领导下，与省信用联社等部门合作，着力构建以生产为基础、流通为依托、金融为支持的农村新型合作服务体系(简称

"三位一体"），在全省 18 个县(市、区)开展了试点工作，力求促进农村合作金融的发展，解决农民专业合作社的资金短缺问题。目前，全省系统已提供农信担保额 3 亿多元，近 2 万农户从中受益。

(五)推进农业行业协会建设

首先，农民专业合作社分散在农村各处，因此需要行业协会加以协调与指导。行业协会最初就是作为中介组织发展起来的。由于经济发展的需要，行业协会已经不仅仅是中介组织，也呈现了一些产业经营色彩，提高了竞争力。行业协会是政府、市场与农民的桥梁，政府通过行业协会能更好地落实产业政策，而行业协会通过向政府反映农民的需求，争取了政府对农民的支持。在今后的发展中，行业协会可以更多地承接政府的部分支农职能，如在对农民专业合作社的资金扶持以及一些优惠政策的落实上，行业协会更加清楚各农民专业合作社的发展状况与需求，将这些政府职能转移给行业协会，能够更好地利用资金，促进合作组织的发展。当政府要对农民专业合作组织进行调查分析，制定相应政策时也可以依靠行业协会的功能。

其次，行业协会的发展不能只追求数量，而要追求质量，要围绕主导产业在当地重点扶持几个重点行业协会。建议对现有行业协会进行改造，按照"民办、民管、民受益"的原则合并、联合或重组规模小、实力弱的协会，在龙头企业和专业合作经济组织的基础上组建跨区域或全省性的行业协会。

此外，要充分发挥行业协会在国际经济交流与合作中的作用，为我国农业的发展争取有利的保护措施，同时在产生经济纠纷时积极充当调解者。

(六)发挥系统优势，注重产权联结

发展农民专业合作社既是农民走向市场、参与竞争、缓解风险、实现增产增收的重要途径，也是"涉农"部门如供销社在新时期与时俱进地实践为农服务的办社宗旨、实现真正办成农民专业合作社的最佳切入点。供销社组织发展农民专业合作社也具有其他行政部门和组织不可比拟的优势，体现在与农民有天然深厚的合作与感情基础，拥有全国、省、市、县和基层供销社组成的一个完整的组织体系，在长期的经营活动中形成了资金、网络、经营等强大的服务实力基础。供销社应充分利用自身这些得天独厚的优势和条件，以产权为纽带，以服务为宗旨，发挥好服务者、组织者和引领者的作用，扎扎实实地推进农民专业合作社的发展。

一方面，应利用供销社农业生产资料网络，保质保量稳价和及时地做好农业生产资料供应，满足农民成员生产上的需求；利用供销社兴办的生活资料连锁超市、农副产品批发市场和加工型农业龙头企业的营销优势，把农民专业合作社当作基地来办，将成员生产的农产品卖出去且卖个好价钱，努力促进农民增收。

另一方面，按照与农民结成经济利益共同体的思路，以产权为纽带，实现供销社社有资本与农民专业合作社的产权联结。同时，要探索建立县以上供销社社有资产运营收益的一部分用于组织发展农民专业合作社，以体现供销社是农民合作经济组织的性质，让农民分享供销社的改革成果；积极开展优秀农民专业合作社主任进基层供销社担任主任、副主任的试点，特别优秀的农民专业合作社主任可让其担任县联合社的副主任，以此促进基层供销社的体制创新，逐步实现供销社真正回归"三农"。

第三节　农民专业合作社的发展趋势

我国农民专业合作社经过十多年的发展，总体来看还处于起步阶段。针对当前我国农民专业合作社的发展现状，还应朝着产业化、品牌化、现代化、市场化四个方向进行不懈的努力。

一、坚持产业化发展道路

农民专业合作社要走向实体化发展、产业化经营。随着市场经济体制的不断完善和农产品市场竞争的愈来愈激烈，我国农民专业合作社目前这种低水平服务、小范围合作、小规模经营将难以持久下去。在市场规律的作用和竞争机制的陶冶下，要么不断发展壮大，走向有法人资格、有资产、有组织管理机构、有专业技术人才、有销售市场的经济实体型生产经营组织，要么与其他经济实力强的经济组织合作，否则将自生自灭。因此，不断发展壮大是现有农民专业合作社的根本出路。通过成员出资入股，兴办生产经营实体，使经营方式由虚向实转化，实现实体化经营才是发展壮大的必要条件，最终将每个农民专业合作社办成农民作为出资者、所有者、管理者、受益者"四位一体"的"风险共担，利益共享"的紧密型利益共同体。农民专业合作社只有越办越实，越办越壮大，才能保持凝聚力经久不衰，也才能不断得到政府各方面的资助，步入良性循环。现在发展农民专业合作社，既有党政领导的支持、政策扶持，又有资金补助、税收优惠，社会共识达成，理论指导清晰，发展环境宽松、优化，有条件也有能力把已有的农民专业合作社示范点，按照农业产业化经营的思路，积极兴办带动力强、效益好的经济实体，借鉴有限公司、股份制或股份合作制企业的经营管理模式，办好办实，发展壮大，在当地树一面旗帜。

农民专业合作社要走好产业化经营道路还应与农业产业化龙头企业"联姻"。目前，农民专业合作社最重要的身份是中介组织，最主要的职能是在农户与企业之间发挥纽带和桥梁作用。关系密切的涉农企业有两类：一类是农药、化肥、种子、饲料等农业生产资料的生产经营性企业。它们是为农户产前服务的，属于上游企业，为农民服务的目的是赚取利润，农民是它们的"摇钱树"。农民专业合作社与它们发展业务关系，目的是为农民提供安全、高效、优质、低价的农用生产资料。另一类企业是农产品加工销售的农业产业化龙头企业。它们以农民生产的农产品为原料，农户是它们的第一车间，它们是农民的下游企业。虽然它们也是通过加工农民的产品来赚取利润，但农民却通过它们来实现自己产品的价值和增值，可以带来直接经济效益。从某种角度讲，龙头企业是农民的"摇钱树"。因此，农民专业合作社既要与农资生产销售企业处理好关系，更要强化与龙头企业的关系，与其联姻结亲。农民专业合作社既要代表农民利益与龙头企业谈判，更要兼顾龙头企业利益，建立起"企业+合作组织+农户"的长期、稳定、互信的利益关系，实现三赢。这种互利互惠关系的建立方式可以多种多样：一是合作组织与企业签订长期供销合同，依靠合同的法律形式约束双方关系。二是合作组织吸收企业为单位成员，依靠成员制确立双方关系。三是合作组织向企业参股，或吸引企业投资，共同建立经营实体，并通过参与实体的经营管理，用股份制完善双方关系。当然，经济实力较强的合作组织也可以直接投资兴办龙头企业，使合作组织与龙头企业成为"父子"关系。

二、实施品牌化经营战略

发展农民专业合作社要实行国际标准化生产。我国应尽快建立与国际接轨的农产品质量标准和监测体系，抓紧制定和实施各种农产品的质量标准，从生态环境、生产技术规程和产品质量标准等方面进行系统建设。按照相关的技术标准、环境标准，实行标准化管理，统一品牌、统一标准、统一包装、统一价格，提高农产品的经济效益。要积极推广有机肥、生物菌肥、生物农药等的使用，培育开发生产无公害、高附加值、能加工出口创汇的绿色食品。同时，要抓紧对农民进行系统的培训，提高农民的科技文化素质，抓紧建成一批标准化的生产基地示范点，创出一批在国际市场上叫得响的名牌农产品，增强我国农产品及其加工制品在国际市场上的竞争力。

发展农民专业合作社还要实施品牌战略。当今市场已经进入品牌竞争时代，实施品牌战略是企业经营的重要标志之一。一位美国学者讲过，"拥有市场将会比拥有工厂更重要，拥有市场的唯一办法是拥有占市场主导地位的品牌"。企业之所以抱着名牌不放，就是充分利用著名品牌的知名度和含金量占领市场。现代企业的产品营销已不是以卖出产品为最终目标，而是与消费者建立持久、有益的品牌关系的开始，也是建立品牌忠诚，把品牌购买者转化为品牌忠诚者的机会。如果说营销是促成了消费行为，而品牌赢得的却是顾客偏爱——由行为到心理的提升。品牌的创立要让顾客感受到产品给他们带来的美好感觉，品牌才会为顾客所接受，从心底里爱上它。好的品牌战略坚持不懈地执行，不仅会让竞争对手不得不折服，而且在消费者心中产生较高的知名度、美誉度直至信任度。农民专业合作社作为市场主体，必然要参与市场竞争，而且销售的是农产品，是日常消费品，有持续不断消费的连续性。因此，借鉴企业经营的营销理念和品牌战略等有益经验，就显得更为重要。例如浙江省的茶叶有"浙江龙井"这块黄金招牌，但是现在还远远没有发挥潜能。要扶持相关龙头企业运作好这个品牌，在省内通过企业兼并、建设新基地等方式进行相应的品牌整合，把一些优势资源都聚合到像"浙江龙井"这样的金字招牌下。就像五粮液，旗下包含着很多各具特色的优势品牌，既有强大合力也有各个出击的能力。

农民专业合作社实施品牌经营战略，首先要在现有基础上到工商部门申办自有品牌；其次要进行无公害基地、无公害产品、绿色食品甚至有机食品认证；第三要严格按照无公害食品、绿色食品或有机食品的生产规程要求，组织、指导成员进行生产，用严格的管理制度控制生产的各个环节，从程序上确保合作组织生产的食品是实实在在的无公害、绿色甚至是有机食品；最后还要加强品牌的维护，除防止非成员使用品牌商标外，更要防止成员将未达标的产品加贴品牌销售，确保品牌在消费者心中的信誉。

三、建立现代化管理体系

农民专业合作社要建立产权明晰的现代化管理体系。产权不清是目前村集体经济组织缺乏经济活力，有的甚至变成了空壳村的根本原因。农民专业合作社是市场经济条件下建立的新型合作组织，不能再走集体经济组织的老路，从一开始就要产权明晰，对成员出资入股要进行登记造册，核发股权证，做到谁出资谁持股，股权到人，实现民主管理、民主决策。对政府扶持资金，无论多少，无论哪个部门、哪种形式，都应按照股金对待，形成的资产可以量化折股到全体成员，也可以作为共有股，年终分红，红利积累并入股份，扩大股份数量，像滚雪球一样越滚越大。绝不能把政府扶持资金单纯作为生产经营的补助，更不能直接补贴成员，否则会使扶持资金越用越少，使成员失去信心，合作组织失去凝聚力。对合作组织在过去经营中形成的亏损，也不能用政府扶持资金来弥补，而应该用扶持资金发展合作组织的实体或新产业，通过壮大经济实力，提高经营效益，提取风险基金的方式来逐步弥补，这才是农民专业合作社长远发展的根本所在。

四、加快市场化建设进程

加快农业的市场化进程是我国当前农业、农村工作的重要任务。农民专业合作社应通过培育市场主体，加强与农民的利益衔接，来推进我国农业的市场化进程。

(一)完善农产品市场体系建设

应重点在农产品主产区和主销区建设一批设施完善的大中型农产品批发市场，为农产品的快速集散提供载体。要尽快完善市场运行机制，深化农产品流通体制改革，维护和创造良好的市场环境和秩序，保障农产品有序地进入市场流通。通过市场的调节，指导农民调整农业产业结构，按照市场需求来组织生产，实现农业增产、农民增收。

(二)提高市场竞争主体素质

许多发达国家和地区，其农业生产经营的基本单位也是以家庭为主，农民进入市场主要是通过建立各种类型的专业协会、行业协会、产销合作社等社会化的服务组织，把农户与市场紧密地联结起来，架起农民通往市场的"桥梁"，提高了农民的市场竞争能力。因此，引导农民建立产销专业合作经济组织，提高农民的组织化程度是解决农民进入市场的关键所在。通过产销合作组织的中介服务，有利于组织农民进入市场，提高农民的自身素质，增强农民抵御市场风险的能力。

(三)营造良好环境

有关部门要积极引导和支持农民发展各类农民专业合作社，建立有利于农民专业合作社发展的信贷、财税和登记制度。引导组织农民进入市场，规范市场交易法规，提高服务效率和质量，主动为农民提供优质服务，为帮助农民顺利进入市场更好地发挥作用。

单个农民与龙头企业及市场打交道，往往处于劣势，农民通过农民专业合作社与企业、市场进行接触，由原来的农户直接与企业、市场打交道逐步向"农户+合作组织"与公司、市场打交道，使原来相对松散的产业环节得以巩固和加强，提高了参与市场的竞争力。农民专业合作社强化了农业社会化服务体系建设，在传授技术、提供信息、引进新品种、供应生产资料、融通资金等方面适应了农民多样化的服务需求，提高了适应市场经济运作的能力。农民通过合作组织，在更大范围、更广领域实现劳动力、土地、资金、技术等生产要素的优化配置，将分散的潜在的生产力要素，变成了整合过的、现实的生产力，实现了优势互补，促进了农业专业化、规模化、集约化和产业化经营的发展。

总之，把农民组织起来，通过建立和健全农业社会化服务体系、农业市场化经营体系及依靠政府对农业的支持保护体系，有利于优化农业结构，发展主导产业；有利于培育龙头企业，发展农业产业化经营；有利于提高农业标准化、市场化、规模化水平，提高农产品市场竞争力，实现农业增效、农民增收的目标。

参考文献

[1] 白立忱. 发展中的农村合作社[M]. 北京：中国社会出版社，2007.

[2] 编委会. 中华人民共和国农民专业合作社法[M]. 北京：法律出版社，2006.

[3] 成国平. 新型农民专业合作经济组织发展制约因素及对策分析[J]. 科技情报开发与经济，2007(31).

[4] 程同顺. 中国农民组织化研究初探[M]. 天津：天津人民出版社，2003.

[5] 冯国石. 关于发展农民专业合作社的若干思考[J]. 乡镇经济，2007(12).

[6] 冯继红. 规范扶持农民专业合作社 促进新农村建设[J]. 河北农业科学，2007(6).

[7] 傅朝荣，张传新. 我国农民专业合作组织发展存在的问题及对策[J]. 安徽农业科学，2007(5).

[8] 傅晨. 中国农村合作经济组织形式与制度变迁[M]. 北京：中国经济出版社，2006.

[9] 耿红莉. 国内外农民专业合作社发展概况[J]. 北京职业学院学报，2007(6).

[10] 韩俊. 中国农民专业合作社调查[M]. 上海：上海远东出版社，2007.

[11] 何国平. 走向市场：农业流通领域合作组织的理论与实践[M]. 北京：中国经济出版社，2007.

[12] 洪远鹏. 合作经济理论与实践[M]. 上海：复旦大学出版社，1996.

[13] 黄祖辉. 研究合作社，发展合作社[J]. 浙江社会科学，2007(6).

[14] 江时强，张秀生. 中国农民收入增长思路：基于农民专业合作经济组织的视角[J]. 武汉大学学报，2007(6).

[15] 姜明伦. 基于新农村建设视角的农民专业合作社创新与发展研究[J]. 经济问题，2007(10).

[16] 李伟，詹晶. 农村金融的现实需求与体系设计[J]. 金融理论与实践，

2007(10).

[17] 列宁. 列宁选集(第35卷)[C]. 北京：人民出版社，1987.

[18] 刘俊浩，王士海. 应注意《农民专业合作社法》的短期负面效应[J]. 南方农村，2007(5).

[19] 刘秀连. 发展专业合作社促进新农村建设[J]. 天津农林科技，2007(5).

[20] 刘振敏. 农民专业合作社是促进现代农业发展的有效途径[J]. 中国农学通报，2007(10).

[21] 吕青芹，张林. 国外的农业合作社[M]. 北京：中国社会出版社，2007.

[22] 罗青平. 当前农民专业合作社发展中应注意的几个问题[J]. 农村经营管理，2007(10).

[23] 马克思，恩格斯. 马克思恩格斯选集(第1卷)[C]. 北京：人民出版社，1957.

[24] 马克思，恩格斯. 马克思恩格斯选集(第2卷)[C]. 北京：人民出版社，1957.

[25] 马克思，恩格斯. 马克思恩格斯选集(第3卷)[C]. 北京：人民出版社，1957.

[26] 马克思，恩格斯. 马克思恩格斯选集(第4卷)[C]. 北京：人民出版社，1957.

[27] 马震宇. 规范农民专业合作社[J]. 安徽电子信息职业技术学院学报，2007(6).

[28] 牛若峰，夏英. 农业产业化经营的组织方式和运行机制[M]. 北京：北京大学出版社，2004.

[29] 欧文. 欧文选集[C]. 北京：商务印书馆，1981.

[30] 秦岭. 我国农民专业合作经济组织研究综述[J]. 扬州大学学报，2007(5).

[31] 沈亚军. 农民专业合作社是全面小康的旗帜[J]. 发展研究，2007(10).

[32] 苏志平，庞毅等. 合作经济学[M]. 北京：中国商业出版社，2006.

[33] 孙亚范. 新型农民专业合作经济组织发展研究[M]. 北京：社会科学文献出版社，2006.

[34] 王锋. 创新管理体制促进农民专业合作经济组织健康发展[J]. 农业经济，2007(11).

[35] 王景新. 乡村新型合作经济组织崛起[M]. 北京：中国经济出版社，2005.

[36] 王景新. 中国农村土地制度的世纪变革[M]. 北京：中国经济出版社，

2001.

[37] 王飒飒，刘鹏飞. 影响我国农民专业合作经济组织发展的因素综述[J]. 甘肃农业，2007(12).

[38] 王文举，董晓波. 中国合作经济发展与和谐社会构建研究[M]. 合肥：合肥工业大学出版社，2007.

[39] 武东轶. 我国金融支持农民专业合作社的政策思考[J]. 农业技术与装备，2007(10).

[40] 严东，崔红梅. 合作经济组织对促进新农村建设作用探讨[J]. 科学与管理，2007(1).

[41] 殷庆言. 社会主义新农村建设的重要载体[J]. 中国社会经济发展战略，2007(6).

[42] 张胜文. 国外农村合作经济组织的发展趋势与经验借鉴[J]. 湖南人文科技学院学报，2007(2).

[43] 张晓山. 连接农户与市场——中国农民中介组织探究[M]. 北京：中国社会科学出版社，2002.

[44] 张晓山. 走中国特色农业现代化道路是历史发展的必然要求[J]. 农村工作通讯，2007(12).

[45] 赵继新. 中国农民专业合作社发展研究[M]. 北京：中国物价出版社，2004.

[46] 郑金英. 农民专业合作社与农业产业化经营[J]. 福建农林大学学报，2007(10).

[47] 周发源，汤建军. 发展农民专业合作组织的调查与建议[J]. 湖南社会科学，2007(1).

[48] 中国农民专业合作社网 http://www.cfc.agri.gov.cn.

[49] 中国农业信息网 http://www.agri.gov.cn.

后 记

弹指一挥间,三年光阴已消逝,本书也即将出版。在此,我谨向为我写作本书提供过帮助的所有的人真诚地道一声:谢谢!

虽然三年时间并不长,但这三年记载了我撰写本书的艰辛与快乐,记载了老师、同事、家人和朋友对我的支持与帮助,为我潜心于学术研究、顺利完成本书的写作提供了基本条件。没有他们的帮助,本书今天不可能放在书店的书架上。

首先,我要感谢浙江经贸职业技术学院科研处的韦进教授。本书从选题、结构设计、观点提炼到修改定稿,都凝聚着韦老师大量的心血。她严肃的科学态度、严谨的治学精神、精益求精的工作作风以及独特的学术研究风格深深地感染和激励着我。韦老师不仅在学术研究上给我以精心指导,同时还在思想上、工作上给我以莫大的鼓励,在这里谨向韦老师致以诚挚的谢意和崇高的敬意。

其次,我要感谢浙江省供销社合作经济指导处的徐钢军先生。感谢他一直以来在工作、学习生活中给予我精神上的鼓励和业务上的指导。正是因为跟随徐先生参加了多项理论研究和实地调研,才使我的研究能力得到了很大的锻炼和提高,也使得我的书稿得以顺利完成。同时,我还要感谢浙江省供销社合作经济指导处的徐斌先生,在我的书稿资料搜集和整理过程中,他提供了许多真诚的帮助。

在资料的搜集过程中,得到了中华全国供销合作总社、浙江省农业厅、浙江省供销社、重庆市供销社、山东省供销社、广东省供销社等单位有关同志的大力支持,使我获得了大量有价值的资料和数据。在本书的撰写过程中,汲取、借鉴了国内外大量的研究成果和资料,限于版面,恕不一一列出。

最后,我要真切地感谢我的家人,他们在我落寞时给我支持和鼓励,在我悲伤时给我安慰和关怀。这些年来没有他们无微不至的关怀和从不间断的鼓励,我很难想象自己能够把书稿完成。

祝福所有的老师、同事、家人和朋友永远健康、平安、快乐!

胡卓红

2008 年 12 月于杭州

图书在版编目(CIP)数据

农民专业合作社发展实证研究 / 胡卓红著. 一杭
州：浙江大学出版社，2009.8
ISBN 978-7-308-06989-2

I. 农… II. 胡… III. 农业合作组织—研究—中国
IV. F321.42

中国版本图书馆 CIP 数据核字(2009)第 150839 号

农民专业合作社发展实证研究

胡卓红　著

责任编辑	张颖琪
封面设计	吴慧莉
出版发行	浙江大学出版社
	(杭州天目山路 148 号　邮政编码 310028)
	(网址: http://www.zjupress.com)
排　　版	杭州中大图文设计有限公司
印　　刷	杭州浙大同力教育彩印有限公司
开　　本	710mm×1000mm　1/16
印　　张	11
字　　数	205 千
版 印 次	2009 年 6 月第 1 版　2009 年 6 月第 1 次印刷
书　　号	ISBN 978-7-308-06989-2
定　　价	25.00 元